Uma raiz diferente

EDIÇÃO **REFORMULADA**

Uma raiz diferente

Gerente editorial	Fernando Paixão
Editora	Claudia Morales
Editora assistente	Shirley Gomes
Minialmanaque	Ernesto Rosa
Preparadora	Maria Sylvia Corrêa
Coordenadora de revisão	Ivany Picasso Batista
Revisoras	Carla Mello Moreira Cátia de Almeida Luciene Ruzzi Brocchi
Arte	
Projeto gráfico e editoração eletrônica	Homem de Melo & Troia Design Eduardo Rodrigues
Editora	Suzana Laub
Editor assistente	Antonio Paulos
Bonecos em massinha	Patrícia Lima
Ilustrações do Minialmanaque	Marcelo Pacheco
Fotos dos bonecos	Thales Trigo

Agradecemos a Luiz Galdino e Nilson Joaquim da Silva pelas sugestões e apoio editorial.

A autora agradece à Itograss que, gentilmente, lhe forneceu importantes informações e orientações sobre o cultivo de grama.

CIP-BRASIL. CATALOGAÇÃO NA FONTE
SINDICATO NACIONAL DOS EDITORES DE LIVROS, RJ

R144r

Ramos, Luzia Faraco
Uma raiz diferente / Luzia Faraco Ramos ; ilustrações Cris e Jean. - 13.ed. - São Paulo : Ática, 2001.
88p. : il. - (A descoberta da matemática)

Inclui apêndice: Minialmanaque
Contém suplemento de atividades
ISBN 978-85-08-08036-6

1. Raízes numéricas - Literatura infantojuvenil. 2. Matemática - Literatura infantojuvenil. 3. Literatura infantojuvenil brasileira. I. Cris (Ilustrador). II. Jean (Ilustrador). III. Título. IV. Série.

11-4857 CDD: 028.5
CDD: 087.5

ISBN 978 85 08 08036-6 (aluno)
ISBN 978 85 08 08037-3 (professor)

2015
13ª edição
12ª impressão
Impressão e acabamento: Yangraf Gráfica e Editora

Av. Otaviano Alves de Lima, 4400 – CEP 02909-900 – São Paulo, SP
Atendimento ao cliente: 4003-3061 – atendimento@atica.com.br
www.atica.com.br – www.atica.com.br/educacional

Uma raiz diferente

Luzia Faraco Ramos

Matemática e psicopedagoga

Ilustrações
Cris e Jean

editora ática

A Descoberta da Matemática

As mil e uma equações
Ernesto Rosa
equações de 2º grau

Aventura decimal
Luzia Faraco Ramos
números decimais

Como encontrar a medida certa
Carlos Marcondes
perímetros, áreas e volumes

Em busca das coordenadas
Ernesto Rosa
gráficos

Encontros de primeiro grau
Luzia Faraco Ramos
equações de 1º grau

Frações sem mistérios
Luzia Faraco Ramos
frações: conceitos fundamentais e operações

Geometria na Amazônia
Ernesto Rosa
construções geométricas

História de sinais
Luzia Faraco Ramos
conjunto dos números inteiros

Medir é comparar
Cláudio Xavier da Silva e Fernando M. Louzada
construção de um sistema de medidas

O código polinômio
Luzia Faraco Ramos
polinômios

O que fazer primeiro?
Luzia Faraco Ramos
expressões numéricas

O segredo dos números
Luzia Faraco Ramos
sistemas de contagem (em diversas bases/decimal) e potenciação

Saída pelo triângulo
Ernesto Rosa
semelhança de triângulos

Uma proporção ecológica
Luzia Faraco Ramos
razão, regra de três e porcentagem

Uma raiz diferente
Luzia Faraco Ramos
raiz quadrada e raiz cúbica

Olá! Nós somos os mascotes da série **A Descoberta da Matemática** e vamos levar você para uma cidadezinha encantadora!

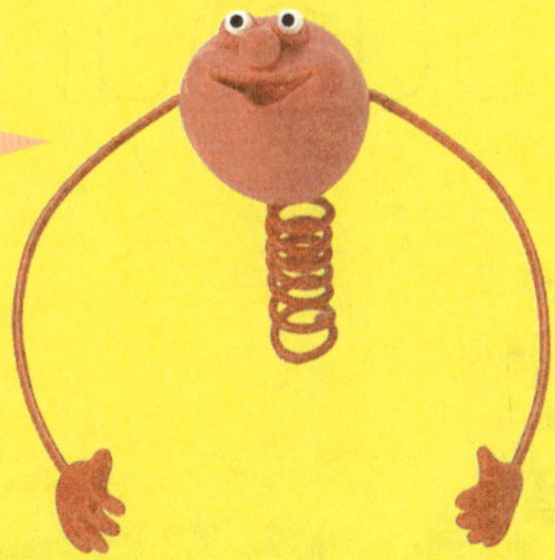

Enquanto o pessoal planta grama e se entende com os números triangulares e quadrados, nós faremos um resumo das descobertas de Luís, Mônica e dos alunos da Escola do Sapé.

E, no final do livro, um **Minialmanaque** instigante e cheio de curiosidades vai ajudá-lo a saber ainda mais sobre raiz quadrada e raiz cúbica.

Boa leitura!

Sumário

Luís e Mônica

Luís e Lúcia

1

O campo e a cidade

Faltavam poucos meses para terminar o ano, mas Luís preferia que o tempo não passasse. Gostaria de poder continuar naquela vida que vinha levando. Morava com os avós, pessoas simples, que lidavam com o cultivo de grama, e estudava na Escola do Sapé, em Ouro Verde.

Só começara a frequentar a escola aos 13 anos, pois, onde tinham morado antes disso, não havia escola. Agora, já era um rapaz. Estava terminando o quinto ano e logo faria 17 anos.

Na zona rural, a escola é diferente; possui apenas uma classe. Crianças de diferentes idades e anos estudam juntas. A Escola do Sapé era assim, só formava os alunos até o quinto ano do Ensino Fundamental. Depois disso, eles deveriam continuar os estudos na cidade.

Naquela manhã, a professora foi surpreendida com um pedido de Luís:

— Lúcia, posso voltar para a escola no ano que vem? Eu ajudo as crianças! Você diz que estou muito bem, que sei explicar... Por favor, me deixe vir para as aulas!

Lúcia ficou sem saber o que responder. Ele precisava de uma oportunidade para continuar a estudar, era muito inteligente, esperto, criativo, colaborador... o melhor aluno que ela já havia tido. Permanecendo ali, daria continuidade ao trabalho no sítio de seus avós. Mas, se conseguisse prosseguir com os estudos, poderia voltar mais tarde com alguma profissão ligada à terra, que era do que ele mais gostava.

Luís tinha muitos interesses, mas se dedicava principalmente a duas coisas: lidar com a terra e com as crianças, com as quais havia convivido nos últimos quatro anos. Naquela região, praticamente não havia jovens, por isso não tinha amigos de sua idade, nem sabia quais seriam os interesses e as conversas dos jovens da idade dele.

Pensando sobre a realidade de Luís, a professora decidiu chamar seus avós para uma conversa. Ela explicou tudo, mas eles também não sabiam o que fazer.

— A gente não tem como mandar o Luís estudar na cidade. Nós vivemos da terra, não podemos morar em outro lugar. Muito menos mandar ele para outra cidade — explicou dona Benedita, acrescentando, em seguida: — E acho que não saberia viver sem ele. Quem sabe, mais adiante... O nosso sítio vai ficar para ele mesmo...

Seu João, o marido, ouviu a explicação da mulher e complementou:

— Eu não tenho nada contra ele ir estudar na cidade. Ia achar até muito bom se a gente pudesse, mas se ficar por aqui também tá bom!

A professora pensou por alguns segundos e propôs:

— Se eu encontrar uma forma de ajudar o Luís, posso contar com vocês?

— Claro, professora! — disse seu João.

— Se o Luís aceitar, nós também concordamos — concluiu dona Benedita.

Os encontros para as viagens promovidas pelo grupo Terra Viva aconteciam com antecedência, para que todos se conhecessem e também para que tudo pudesse ser preparado sem que isso interferisse nas atividades escolares de cada um.

Terra Viva era uma agência que fazia passeios ecológicos, organizados por especialistas e dirigidos a jovens estudantes. Programava caminhadas e trilhas em meio à natureza, sempre procurando preservar as comunidades visitadas e conscientizar os jovens das grandes cidades sobre a importância da educação ecológica para a preservação do meio ambiente.

No primeiro sábado de setembro, fizeram a primeira reunião com os candidatos a uma viagem programada para janeiro. Todos podiam opinar quanto à escolha do local, e Suzana coordenava o grupo.

— Vamos para a praia!

— Prefiro uma região de cavernas.

— As cavernas têm morcegos!

— Um acampamento no campo.

Ao ouvir essa última sugestão, Suzana lembrou-se de um lugar e comentou:

— Com riachos cristalinos, matas, montanhas...

E diante da aprovação estampada em vários rostos, continuou:

— Num local onde a energia elétrica é fornecida por um gerador, que é desligado às oito horas da noite, quando todas as luzes se apagam...

Alguns jovens que estavam ali pela primeira vez perguntaram:

— Sem clube nem piscina?

— Nem clube nem piscina!

— Sem pistas de *skate* e *videogames*?

— Sem lanchonete?

— Hum, hum...

Após uma pausa para assimilar a proposta, Líria interveio:

— Dormindo em barracas, fazendo fogueiras... É isso que está sugerindo? — perguntou, com os olhos brilhando.

— Fazendo a nossa própria comida! — completou Suzana. — Sem latinhas de refrigerante, sanduíches prontos ou pacotes de biscoito recheado! Turismo ecológico é isso! Seremos responsáveis pela nossa sobrevivência, e o nosso alimento virá do que a região produzir.

Começaram, então, uma conversa animada e logo estava decidido:

— Topamos!

— Têm certeza de que todos concordam? Cada um vai carregar sua mochila e parte dos equipamentos para o grupo!

— Claro! Será uma aventura!

— Vamos precisar da autorização dos seus pais. E eu cuido da autorização para montar o acampamento lá.

E só então, depois que estavam todos de acordo, lembraram de perguntar:

— Como se chama esse lugar, Suzana?

— Ouro Verde... Acho que nem está no mapa.

— Como você descobriu?

— Uma grande amiga minha é professora na região; tudo o que contei a vocês ouvi dela. Fica longe daqui, viajaremos toda a noite.

— E por que não viajamos durante o dia, Suzana?

— Precisamos chegar de manhã, para poder montar o acampamento.

Essas viagens ecológicas sempre eram acompanhadas de uma gincana cultural sobre habilidades e conhecimentos gerais. Nas reuniões que antecediam o passeio, os participantes se dividiam em grupos e escolhiam um tema para pesquisar e apresentar durante os dias que permaneceriam acampados. Mônica, Líria e Rita, amigas de infância, formaram uma equipe.

2

Uma nova experiência

Lúcia recebeu a notícia sobre a ida do grupo Terra Viva pelo celular. E não só ficou muito satisfeita com a novidade, como se propôs também a ajudar no que fosse necessário.

— Suzana, pode deixar que vou procurar uma área adequada para o acampamento. Será ótimo para meus alunos da Escola do Sapé. E vocês também vão gostar, as pessoas aqui são simples e muito acolhedoras.

— Que bom, Lúcia. Até que enfim vou conhecer Ouro Verde. E vamos finalmente matar a saudade.

Lúcia não demorou a encontrar uma boa área para o acampamento. Também não teve dificuldade para conseguir a autorização do proprietário. A área plana e arborizada ficava na fazenda do seu Felício, o mesmo lugar onde estava instalada a escola.

Os visitantes poderiam usar os banheiros da escola, mas, além disso, precisariam de água nas proximidades do acampamento. Para tanto, eram necessárias algumas adaptações. Luís era muito habilidoso, e Lúcia sabia que podia contar com ele. No mesmo dia, o chamou e contou-lhe a novidade.

Luís ficou contente:

— Acho que vai ser muito divertido mesmo, Lúcia, mas só tem um problema...

— Qual?

— Quando chove, aquilo vira pura lama!

— Não tinha pensado nisso! — preocupou-se Lúcia.

O jovem pensou um pouco e perguntou:

— Quando eles vêm?

— No início de janeiro.

— Então, temos tempo, estamos no começo de setembro...

— Tempo para quê? Do que é que você está falando? — perguntou a professora.

— De gramar aquela área! Podemos fazer um mutirão...

Como conhecia o rapaz, imaginou o que ele tinha em mente e foi logo avisando:

— A ideia é boa... desde que não esteja pensando em tirar as placas de grama do sítio de seus avós. Aquilo é para o sustento de vocês.

— Nós estamos pesquisando uma nova forma de plantio e podemos usar a área como teste. Eu trago as mudas, oriento o plantio, e quatro meses são mais que suficientes para as mudas pegarem e a grama cobrir toda a área!

— Ótimo! Com o acampamento numa área gramada pode chover até canivete!

— E tem mais... Apesar de janeiro ser um período quente, a temperatura nas áreas gramadas fica mais baixa. Eu noto isso no sítio, sinto a diferença. Isso quer dizer que a área do acampamento vai ficar fresca e agradável!

Lúcia gostou da observação dele e sugeriu:

— Isso está me interessando muito! Podemos aprofundar essas pesquisas e ajudar muita gente. Acho que seu Felício vai até nos agradecer!

Luís já havia colocado seu chapéu, o que indicava que estava de saída, quando ela se lembrou de perguntar:

— Mas a armação das barracas e as pessoas indo e vindo não vão estragar a grama?

— Para falar a verdade, eu nunca vi uma barraca de perto... — confessou o garoto, envergonhado. A seguir, continuou: — Sem a luz do sol, a grama pode ficar amarelada... Mas, quando as barracas forem tiradas de lá, a cor volta ao normal.

— Então, não tem problema?

— Não. O tipo de grama que vamos plantar é própria para o pisoteio.

— Ótimo, Luís. Sabe o que acabei de decidir? Nas atividades dos próximos meses, vamos incluir o plantio de grama no projeto ambiental da Escola do Sapé.

— Eu acho que isso vai ser muito bom.

Naquele momento, ainda não podiam imaginar quanto a vinda do grupo Terra Viva seria importante para a vida de alguns moradores do lugar.

Dias depois, seu Felício chegou com o trator, revolveu a terra, limpando e aplainando a área. E os alunos da Escola do Sapé ajudaram a irrigar o terreno, providência fundamental para o futuro plantio. Luís, que tinha mais experiência, assumiu a orientação dos colegas sobre o plantio de grama:

— Meus avós sempre cultivaram grama para vender em forma de tapetes ou de placas. Agora estamos pesquisando o plantio em pequenos tufos de mudas já enraizadas. Eles se parecem com um... quadrado, pontudo, de cabeça para baixo.

Lúcia pediu licença, foi até a lousa e desenhou:

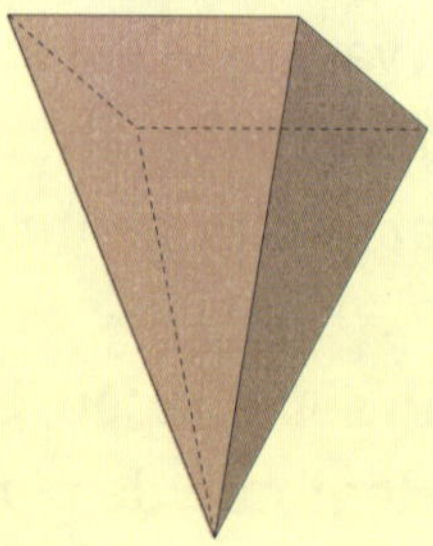

— Acho que você está querendo dizer isso. Esta forma é chamada de pirâmide, e aqui ela está invertida. É isso Luís?

— É isso mesmo. Nós colocamos as mudas de grama em bandejas próprias, formadas por pequenos vasos na forma dessas pirâmides, e deixamos enraizar. Depois de três ou quatro meses, estão prontas para o plantio. Esses pequenos tufos de grama, que ficam nos vasinhos, são chamados de *plugs*...

Ele não parecia muito à vontade com a palavra, e Lúcia lhe explicou:

— *Plug* é uma palavra de origem inglesa, que quer dizer algo que se encaixa.

— É isso mesmo! Para plantar a gente faz buracos na terra e encaixa os *plugs* com as raízes para baixo. No sítio, temos muitas bandejas quase prontas para plantar. A gente estava mesmo procurando um lugar para testar esse plantio.

Ao terminar a explicação, Luís desenhou na lousa como plantar os *plugs*:

— A gente faz nove buracos na terra, em três colunas com três buracos por coluna, numa distância de mais ou menos 30 centímetros entre eles.

— E depois?

— Enchemos os buracos com água, esperamos que penetre a terra, depois encaixamos os nove *plugs*. Em três ou quatro meses, a grama se espalha, cobrindo a área. O mais importante é deixar a área bem irrigada.

Lúcia nem piscou durante a explicação. Em seguida, perguntou:

— E quando é que a gente utiliza as placas de grama?

— Quando quer um plantio mais rápido. No mesmo dia, o gramado fica pronto. Em poucas semanas, com uma boa irrigação, ele já fica enraizado, mas é mais caro. Por isso estamos pesquisando o plantio dos *plugs*.

Lúcia percebeu que poderia utilizar aquela nova forma de plantio para propor um desafio e convidou os alunos para a acompanharem até o rio que passava perto da sala de aula.

— Vamos até as margens do rio buscar seixos, aquelas pedrinhas arredondadas.

— Por que os seixos são arredondados? — perguntou Pedro.

— Como rolam por anos e anos no fundo dos rios, eles vão sendo naturalmente polidos e ficam arredondados. É um trabalho da própria natureza.

— Mas por que você quer essas pedras, Lúcia?

— Eu conto amanhã!

3

Os seixos que formam quadrados

No dia seguinte, na aula, Lúcia contou aos alunos sobre a vinda do pessoal ligado à Terra Viva. O grupo gostou da novidade, mas ainda estava intrigado com os seixos recolhidos na véspera.

— O que vamos fazer com essas pedras? — perguntou Paulinho, curioso.

— Estes seixos vão representar os *plugs* que vamos plantar...

— Não estou entendendo!

— Vai entender logo, Alessandra. Cada um de vocês vai separar quatro pedras. E depois me digam como podemos arrumá-las para que fiquem parecidas com a forma dos nove *plugs* do Luís.

— Ora, isso é muito fácil!

Imediatamente, todos se puseram a arrumar os seixos, formando cada um seu quadrado.

— Que cálculo matemático pode representar este quadrado que formaram? — perguntou Lúcia.

— Cálculo matemático? — estranharam todos.

— Hum... duas colunas com duas pedrinhas... — comentou Maria.

— Parece 2 vezes 2, que é igual a 4!

— Isso mesmo, Pedro! — confirmou a professora.

Como todos concordavam com ele, Lúcia pediu:

— Escrevam, num pedaço de papel, essa multiplicação e coloquem ao lado de seu quadrado de pedras.

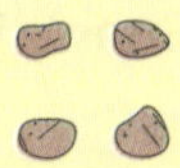

2 x 2 = 4

— Então, minha forma de plantar os *plugs* também pode ser representada na Matemática. Vejam! — percebeu Luís, já fazendo um novo cartão.

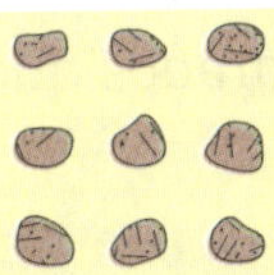

3 x 3 = 9

Ele fez uma festa, pois nunca havia imaginado que utilizava a Matemática para o plantio. Lúcia levou, então, os alunos para a varanda da escola, e lá sentaram-se no chão. A seguir, perguntou:

— Como podemos arrumar 16 pedrinhas dessa forma?

— Em 4 vezes 4!

Os alunos trocaram ideias e logo estava pronto um quadrado de 16 pedrinhas.

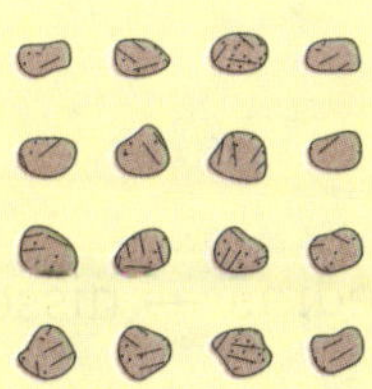

4 x 4 = 16

— Que legal, formamos outro quadrado! — vibrou Paulinho.

Lúcia aprovou com um gesto de cabeça e desafiou:

— Como vocês podem arrumar 25 pedras, em forma de quadrado?

Enquanto os garotos montavam o desafio, Lúcia foi chamada por seu Felício, o dono da fazenda. Sua saída, porém, não interrompeu a atividade deles.

— Nós também podemos arrumar estas quantidades de outras formas!

— Claro que sim! — concordou Aninha. — Mas em forma de quadrados fica mais fácil contar e ver a quantidade que tem!

— É mesmo! — concordaram todos.

Então, decidiram formar os quadrados que conseguissem com as pedrinhas disponíveis.

— Vamos fazer 6 vezes 6...

— Vamos tomar cuidado para não bagunçar tudo — disse Maria.

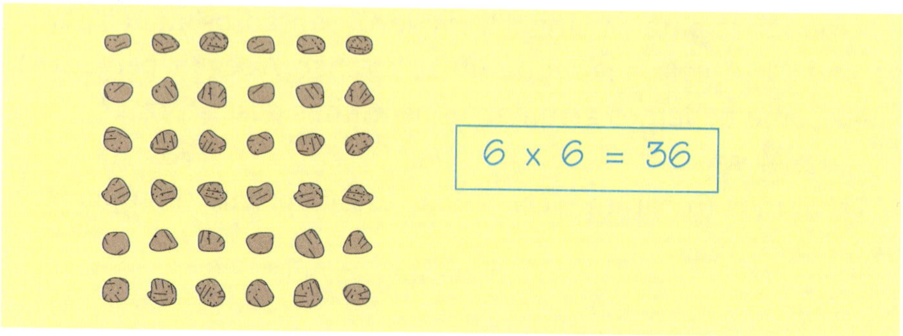

— Agora 7 vezes 7...

— Vamos precisar de 49!

— Então vamos pegar mais pedras — disse Luís, já de saída para o lado do rio.

Paulinho, Aninha e Alessandra acompanharam Luís. E, em pouco tempo, retornaram carregados de pedras. Ou melhor, de matéria-prima para compor os quadrados.

$7 \times 7 = 49$

Quando Lúcia voltou, viu que os alunos caminhavam aos pulos, já se tornara praticamente impossível andar pela varanda sem desmanchar os quadrados formados no chão. Enquanto ela tentava se localizar, Luís revelou:

— Lúcia, nós descobrimos que, quando multiplicamos um número por ele mesmo... quer dizer, colocando as pedrinhas assim, fica parecendo um quadrado.

— Muito bem! — aplaudiu a professora. — Vocês acabaram de descobrir os números quadrados, embora eles já sejam conhecidos há alguns séculos.

— E ainda são usados?

— Claro! O Luís, por exemplo, usou para plantar os *plugs*. Vocês nem imaginam quanto isso é importante! E, como foram vocês que descobriram, com certeza sempre se lembrarão.

Como as crianças eram de idades variadas, Lúcia concluiu que aquele conhecimento era suficiente para elas. Mais tarde, aprofundaria o tema com Luís.

4

Procurando respostas

Vez ou outra, Luís era tomado de uma tristeza que preocupava os avós. Vivia sozinho, não tinha amigos de sua idade e agora, com o término do quinto ano, a situação se agravava, pois sabia que não tinha como continuar os estudos na cidade.

Dona Benedita o viu de longe, encostado a uma árvore, o chapéu entre as pernas, o olhar perdido. Aproximou-se e quis saber:

— O que você tem, filho?

— Nada, vó. Mas, às vezes, sinto falta de alguma coisa que não sei o que é! Parece que falta um pedaço! Você me entende?

Toda vez que o neto lhe falava naquele tom, ela sentia um aperto no peito. E se lembrava do segredo sobre o nascimento dele. Sempre dizia para o marido que um dia lhe contariam e, assim, haviam passado dezessete anos.

— Entendo, sim, Luís. Eu e seu avô sempre nos dedicamos a você, fizemos o melhor que pudemos, mas... — a avó escolhia as palavras quando ouviram a voz de Lúcia.

— Olá! Posso ir até aí?

— Claro, professora, você é sempre bem-vinda — respondeu a dona da casa. E acrescentou: — Na verdade, é como se fosse a mãe com quem Luís não conviveu...

O próprio neto se surpreendeu com as palavras da avó. Nunca

havia se dado conta... Mas, naquele momento, compreendeu o porquê daquele aperto no peito. A mãe morrera ao dar à luz. E agora deixar a escola significava parar de conviver com Lúcia. Gostava muito dos avós, mas, na verdade, a professora ocupara o vazio que sua mãe havia deixado.

Ele se refez, respirou fundo e falou sorrindo:

— Que bom que você está aqui! Venha conhecer as áreas de cultivo de grama!

— Vou, sim! Tenho ouvido falar tanto em grama, que já estou curiosa.

E lá se foram os dois, que mais pareciam mãe e filho, para o campo gramado. Ela viu as bandejas com os *plugs* plantados, e Luís passou a explicar:

— Veja, cada bandeja tem oito colunas com oito vasos cada uma. O que quer dizer que há 64 *plugs* em cada bandeja.

— Essas bandejas são perfeitas para uma descoberta! Vim aqui para aprofundar o que conversamos hoje na escola! Não adiantaria falar com os mais jovens agora. Posso falar com eles mais adiante.

— Só um momento...

Como já era hora da irrigação, Luís abriu as torneiras onde estavam acopladas as mangueiras com os aspersores de água. Em seguida, foram se sentar à sombra de uma árvore frondosa. Enquanto acompanhava o jovem, a professora sorria e pensava consigo mesma que Luís não era apenas uma pessoa inteligente, mas também muito amoroso.

Lúcia ainda aproveitou mais alguns instantes daquela satisfação de sentir o cheiro gostoso de terra molhada e, então, começou:

— Hoje na escola vocês perceberam que a multiplicação de um número por ele mesmo pode ser representada geometricamente por pontos... As pedras foram nossos "pontos".

— Engraçado! Sempre pensei em plantar só nove de cada vez! Foi como vi numa revista especializada. Agora, compreendi que,

mantendo sempre a mesma distância, posso cobrir quadrados maiores! Também nunca tinha pensado nos *plugs* como pontos!

Lúcia concordou com um leve aceno de cabeça e passou às novidades que pretendia contar ao jovem.

—Em Matemática, existe uma forma específica de indicar as multiplicações de um número por ele mesmo! Veja...

expoente

$$3^2 = 3 \times 3 = 9$$

base

— O que é aquele 2 pequenininho que você escreveu em cima do 3?

—É o expoente! Ele indica quantas vezes a base 3 será multiplicada por ela mesma. A isso chamamos potenciação!

—Potenciação! Então, hoje, quando formamos os quadrados com as pedrinhas, também podíamos ter representado em Matemática desse jeito!

— Claro que sim!

Ele pegou um graveto e começou a riscar no chão:

$$4^2 = 4 \times 4 = 16$$

—Perfeito, Luís! Aqui você representou a segunda potência de 4 por um quadrado de 16 pontos, ou mudas, se preferir.

—Então, toda vez que eu multiplicar um número por ele mesmo, posso representar por um quadrado?!

—Essa é a grande descoberta! Quando um número é elevado ao expoente 2, dizemos que é "elevado ao quadrado"!

— Ora, é claro! Pois posso representar esse número por um quadrado!

— Há mais de 2.600 anos, na Grécia, os matemáticos representavam os números por pontos, gerando formas geométricas. Foi assim que eles descobriram os números quadrados.

— Lúcia, então a quantidade de *plugs* de cada bandeja é um número quadrado e pode ser representada em forma de potência?

Enquanto ela confirmava com um aceno de cabeça, ele desenhou numa folha:

$8^2 = 8 \times 8 = 64$

— Um quadrado formado por 8 vezes 8 mudas!

— Isso mesmo! Você representou a segunda potência de 8, um quadrado de 64 pontos! Eu disse que a bandeja era perfeita para o que eu tinha para lhe contar. Luís, por hoje está ótimo. Voltaremos a conversar sobre isso em breve.

Ele, porém, aproveitou para perguntar sobre outra coisa.

— Lúcia, você pensou naquilo que eu falei de continuar na Escola do Sapé?

— Pensei, mas ainda não tenho

A potenciação é uma multiplicação entre fatores iguais.
Base é o fator que se repete.
Expoente é o número de vezes que o fator se repete.

expoente

$4^3 = 4 \times 4 \times 4 = 64$

base

expoente

$3^2 = 3 \times 3 = 9$

base

Todo número elevado a 1 é igual a ele mesmo.

$3^1 = 3$ $5^1 = 5$ $8^1 = 8$

uma resposta. Como estamos em setembro, vamos aguardar... A vida sempre nos reserva surpresas!

Depois que ela foi embora, Luís começou a preparar uma tabela com os primeiros números quadrados. Mesmo sabendo que eram infinitos, registraria alguns.

Números quadrados

$2^2 = 2 \times 2$	4
$3^2 = 3 \times 3$	9
$4^2 = 4 \times 4$	16
$5^2 = 5 \times 5$	25
$6^2 = 6 \times 6$	36
$7^2 = 7 \times 7$	49
$8^2 = 8 \times 8$	64
$9^2 = 9 \times 9$	81

$10^2 = 10 \times 10$	100
$11^2 = 11 \times 11$	121
$12^2 = 12 \times 12$	144
$13^2 = 13 \times 13$	169
$14^2 = 14 \times 14$	196
$15^2 = 15 \times 15$	225
$16^2 = 16 \times 16$	256
$17^2 = 17 \times 17$	289

5

Rumo à Grécia antiga

Entusiasmadas com a gincana cultural programada pela Terra Viva, Mônica, Líria e Rita faziam pesquisas para sua apresentação.

— Ganhei este livro sobre a história da Matemática do meu tio Ernesto. E vejam só o que encontrei — empolgada, Rita mostrou o livro às amigas.

— "Os primeiros conhecimentos matemáticos de que se tem notícia eram puramente práticos... Foram os gregos, há mais de 2.600 anos, que transformaram a Matemática em ciência..." — leu Líria.

— Nossa, que coisa mais antiga! — reclamou Mônica. — Não dá pra gente procurar alguma coisa mais moderna? A descoberta do genoma humano ou a influência da internet nas relações humanas... nas...

Ela foi interrompida por Rita:

— Isso é o que todos vão fazer, Mônica! Só vai dar internet... Quer apostar?

— Eu concordo com a Rita. Acho a ideia dela interessante — apoiou Líria.

Em minoria, Mônica não teve alternativa a não ser aceitar o projeto das amigas. E pesquisar sobre a Grécia antiga em livros e na internet.

— Um grego que se destacou foi Pitágoras. É considerado um dos sete sábios da Grécia... — informou Rita.

E Líria começou a ler em voz alta:

— "... nasceu em 569 a.C., viajou para o Egito, a Babilônia e a Índia... entrou em contato com os conhecimentos daqueles lugares... Ao voltar, dedicou-se ao estudo da Matemática e da Filosofia... Sua influência foi muito grande, e seus seguidores se constituíram numa irmandade, uma sociedade secreta, conhecida como Escola Pitagórica. Todos os membros dessa fraternidade se comprometiam, em solene juramento, a manter em segredo os conhecimentos da Escola!"

Mônica, que ouvia atentamente, comentou:

— Pensem comigo: a Matemática que hoje conhecemos teve origem numa irmandade secreta, à qual só poucas pessoas da época tinham acesso, e, de certa forma, ela se manteve assim ao longo dos tempos! Um conhecimento que somente seres superiores, dotados de uma inteligência acima da média, compreendem.

— Nós mesmas temos muitos amigos que veem a Matemática assim! — lembrou Líria.

— A Cidinha, uma amiga da natação, diz que Matemática é grego para ela! — contou Rita.

— Ela ainda não percebeu que é possível compreender!

— Vejam o que meu tio Ernesto escreveu nesta dedicatória — mostrou Rita.

Rita,
a Matemática é fascinante. Descubra isso e irá se surpreender!

um abraço,
tio Ernesto

— É verdade, Rita. Nós tivemos a sorte de ter professores que nos estimularam a entender o que estamos fazendo. Gostamos porque compreendemos! — considerou Líria.

— Eu tive uma ideia... A gente podia acabar com esse véu que envolve a Matemática há tanto tempo! — sugeriu Mônica.

— Eu concordo e acho que esta pesquisa sobre a origem da Matemática já pode fazer parte de nossos arquivos.

— Podia até virar um clube... Um clube chamado... MAGOS! — sonhou Mônica.

— Magos??? — surpreenderam-se Líria e Rita ao mesmo tempo.

— Vejam de onde tirei essa ideia: **MA**TEMÁTICA **GOS**TOSA! — Mas, diante da reação das amigas, acabou desistindo. — Tudo bem, sem clube...

Folheando o livro, Mônica encontrou o seguinte:

— "A Escola Pitagórica possuía um símbolo secreto para que seus membros se reconhecessem, o pentagrama, uma estrela de cinco pontas".

— Que legal! Já vi esse símbolo em algum lugar — reagiu Líria.

Animada, Mônica continuou a leitura:

— "Os pitagóricos tinham uma disciplina rígida e eram vegetarianos"...

— Hum... Se comermos verduras e legumes, já é um bom começo, não acham?

— Isso depois dos hambúrgueres, salsichas, bifes, batata frita... — brincou Rita, acrescentando: — Amigas, quero só ver o que vamos comer no acampamento em Ouro Verde!

— Com esse nome, desconfio que vamos comer muito verde!

Na internet, Rita encontrou dados importantes sobre o tema:

— "Como representavam os números por arranjos de pontos dispostos geometricamente, os pitagóricos perceberam os números figurativos"...

— Nós podemos usar bolinhas de isopor para representar os pontos. Elas são pequenas, leves e fáceis de carregar. Fazemos alguns cartazes e pronto! Está tudo resolvido!

E, à medida que encontravam novas informações sobre a Matemática na Grécia antiga, o material da gincana era cuidadosamente preparado. E decidiram dar nome ao tema: *As raízes da Matemática*.

Aquela viagem prometia muitas aventuras, muito sucesso e, com certeza, amizades novas, talvez novos amores.

No fim de dezembro, na última reunião antes da viagem, apareceu um participante novo no pedaço. E foi Suzana, a coordenadora do grupo, quem o apresentou.

— Pessoal, este é o Eugênio, uma espécie de curinga. Vai nos ajudar no que precisarmos, embora esteja viajando para descansar.

— Só pude vir agora, porque estava estudando muito — justificou o rapaz.

— E valeu a pena! — comentou Suzana. — Ele acaba de ser aprovado no vestibular de agronomia.

Todos aplaudiram, enquanto Mônica, Líria e Rita cochichavam:

— Ele combina comigo — disse Líria!

— Imaginem ele viajar com a gente!

— Pois eu acho que ele tem nariz empinado! — desdenhou Mônica. — Grande coisa passar no vestibular! Quando chegar a nossa vez, também vamos passar!

Muito sério e reservado, Eugênio fazia de conta que não notava o interesse das garotas. Aliás, havia uma norma que ele seguia à risca, em compromissos desse tipo: nada de namoro! A idade dos jovens do grupo variava entre 13 e 15 anos. Eugênio era um pouco mais velho, logo faria 17 anos.

6 Aprendendo com quadrados

Em Ouro Verde, o tempo seguia o ritmo da natureza: calmo, agradável e produtivo. A área para o acampamento havia sido plantada pelos alunos, que aproveitaram para gramar até a frente da escola. Diariamente, antes de o sol esquentar, irrigavam a área plantada. E, no tempo previsto, o gramado estava todo fechado.

Todos os alunos se envolveram com o plantio de grama. Até suas famílias quiseram aprender sobre a importância de gramar áreas livres para evitar a erosão. E, assim, muitas outras áreas foram gramadas.

Se Ouro Verde já era um lugarejo encantador, agora estava mais atraente ainda. Lúcia aprofundara as pesquisas com Luís sobre a importância dos gramados. Juntos, conseguiram dados históricos e, a partir de observações, confirmaram muitas hipóteses. Ela sabia que aquele conhecimento poderia ser útil para a vida dele, de seus avós e de muitos moradores da região.

Ao mesmo tempo que se animava com a chegada do acampamento em janeiro, Luís, às vezes, ficava desanimado com sua vida. A avó ficava com o coração apertado, pois, além do segredo que guardava, não suportava ver o neto naquele desânimo. Certo dia, ela comentou com o marido:

— Quem sabe se o Luís arrumasse uma namorada não ficava mais feliz?

— O que a gente pode fazer, Benedita? As moças que moravam por aqui foram estudar na cidade! A vida sabe o que faz!

— Isso é verdade! Afinal, só Deus sabe como foi que o Luís chegou até a gente!

Em dezembro, as aulas já haviam terminado na Escola do Sapé. Lúcia, então, aproveitou para visitar Luís.

— Que bom que você veio! — disse Luís ao vê-la. — Venha ver que beleza as placas de grama que estou cortando. Temos uma entrega para fazer.

A grama estava cortada em tapetes quadrados de cerca de 33 centímetros de lado.

— Pode mexer nelas? — perguntou Lúcia, sentando-se num banco.

— Claro! Com esta pá eu corto e removo, sem que elas se quebrem — ele pegou a pá e, com agilidade, montou um quadrado com nove placas.

— Por que escolheram 33 centímetros como medida para a placa?

— Para formar um quadrado com mais ou menos 1 metro de lado.

— Entendi! Assim, ele irá ocupar uma área de 1 metro quadrado!

— E agora eu já sei por que aparece o 2 pequenininho na indicação do metro. Veja... — Luís falou e escreveu:

$$\text{metro} \times \text{metro} = \text{metro}^2 \quad \text{ou} \quad m \times m = m^2$$

Confirmando que ele estava certo, Lúcia comentou:

— Como as áreas a serem cobertas de grama são medidas em metros quadrados, vocês conseguem calcular facilmente quantas placas irão plantar. Acertei?

— Acertou. Para cada metro quadrado, preciso de nove placas. É por isso que os *plugs* também são plantados em quadrados com nove, com uma distância de 30 centímetros entre eles.

Em seguida, ela se levantou e dirigiu-se ao barracão.

— Luís, outro dia, vi por aqui muitos cubinhos de madeira! Onde estão?

— Estão aqui nesta caixa — respondeu ele, apontando para um canto.

— O que vocês fazem com eles?

— Quando plantamos grama em terrenos inclinados, colocamos alguns desses cubinhos entre as placas para que elas não escorreguem. Depois vamos retirando os cubinhos e completando com terra.

— Interessante.

O jovem lembrou-se de um detalhe e contou:

— Quem faz é um amigo do meu avô. Como ele jogava fora as sobras de madeira, pedi que cortasse essas sobras em forma de cubinho. A ideia foi minha! — completou sem conseguir esconder o orgulho.

Lúcia levou a caixa com os cubinhos para uma mesa. Assim que o rapaz sentou-se no banco a seu lado, ela disse:

—Vamos considerar cada um destes cubinhos como uma unidade...

— Lúcia, não me diga que também servirão para a Matemática?

— Adivinhou! Primeiro, vamos formar um quadrado de 16 unidades, como um muro. Vamos colocar o quadrado em pé — brincou ela.

— É simples — disse ele. — São quatro camadas com quatro peças cada uma! Isto é, 4 elevado a 2!

Lúcia pegou um cartão e colocou-o próximo do quadrado:

$16 = 4 \times 4 = 4^2$

— Ficou bom! — disse ele.

— Então vamos continuar. Quantas peças terá o lado de um quadrado com 25 unidades?

— Cinco unidades em cada lado!

E juntos foram preparando as cinco camadas com cinco peças.

$25 = 5 \times 5 = 5^2$

— Ótimo! E quantas unidades terá o lado de um quadrado com 36 peças?

— É claro que terá seis!

Com muito cuidado, para que não desmoronasse, eles construíram seis camadas com seis unidades cada uma.

$$36 = 6 \times 6 = 6^2$$

Em seguida, montaram os quadrados de 49 e 64 unidades, com muito cuidado porque eram formados por muitas peças.

$$49 = 7 \times 7 = 7^2$$

$$64 = 8 \times 8 = 8^2$$

Apontando para os quadrados, Lúcia perguntou:

— Luís, o que sustenta o quadrado de 25 peças?

— O lado 5, que coloquei no chão primeiro!

— Certo! E o que dá origem a um quadrado de 36 peças?

— O lado 6! Primeiro, fiz uma camada com seis peças; depois, é que fui fazendo as outras camadas.

— E se os quadrados estivessem deitados, seria diferente?

— Não! Tanto faz se eles estão de pé ou deitados; primeiro, tenho de descobrir por onde começo. Ou seja, quantas peças coloco no lado, pois tenho de começar por um dos lados.

Lúcia perguntou, então, parecendo mudar de assunto:

— Qual das partes sustenta uma árvore?

— A raiz, é claro! Sem a raiz não existe nenhuma planta!

— E com os quadrados é quase a mesma coisa! Sem lado não existe quadrado!

— Você está querendo dizer que o lado é como se fosse a raiz de um quadrado?

— Isso mesmo, Luís! O número de unidades que compõe o lado de um quadrado é a sua raiz quadrada.

— Gente! Eu nunca imaginei que a Matemática também tivesse raízes! Muito menos, quadradas.

Lúcia sorria diante da surpresa dele, quando dona Benedita apareceu com um suco de frutas delicioso.

— Antes de ir embora, passe na cozinha. Vou fazer um cafezinho mais tarde — dona Benedita convidou a professora e se retirou.

7
As raízes dos quadrados

Ainda saboreando o suco, Lúcia abriu uma folha já preparada para o que tinha em mente.

$2^2 = 4$ → 2 é a raiz quadrada de 4 ou $\sqrt{4} = 2$

$3^2 = 9$ → 3 é a raiz quadrada de 9 ou $\sqrt{9} = 3$

$4^2 = 16$ → 4 é a raiz quadrada de 16 ou $\sqrt{16} = 4$

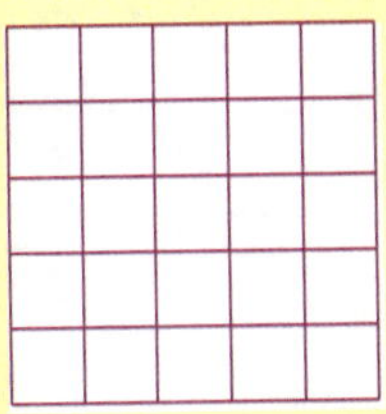

$5^2 = 25$ → 5 é a raiz quadrada de 25 ou $\sqrt{25} = 5$

Sempre atento e surpreso com a descoberta, Luís falou às pressas, quase sem respirar:

— Lúcia! A raiz de cada quadrado é a base de cada potência!

— Isso mesmo! Lembra-se dos números quadrados dos antigos gregos?

Ele balançou a cabeça afirmativamente:

— Agora, estou ligando tudo! Ao elevar um número à segunda potência, consigo um número quadrado!

— Certo! Procurar a raiz quadrada de um número é descobrir qual foi o número que elevado à segunda potência deu origem a ele — completou Lúcia.

A radiciação é a operação inversa da potenciação. O símbolo que usamos para indicar a raiz quadrada de um número é $\sqrt[2]{\ }$. Na prática, o índice 2 foi abolido, e a raiz quadrada passou a ser representada apenas por $\sqrt{\ }$. Esse símbolo se originou da palavra* radix *que, em latim, quer dizer raiz.

— Entendi sua explicação, mas será que, sem os *plugs* de grama, os pontos, e agora esses cubinhos, eu conseguiria entender tão bem tudo isso?

— Talvez não! Todas as vezes que construímos um novo conhecimento, tomando como ponto de partida algo já conhecido, o aprendizado se torna mais significativo e mais fácil.

— Veja a tabela que preparei com os primeiros números quadrados...

Lúcia acompanhou a movimentação do garoto que, em dois segundos, estava diante dela com a tabela.

— Acho que calculei tudo certo... Quer dar uma olhada?

Ela conferiu:

Números quadrados

$2^2 = 2 \times 2$	4
$3^2 = 3 \times 3$	9
$4^2 = 4 \times 4$	16
$5^2 = 5 \times 5$	25
$6^2 = 6 \times 6$	36
$7^2 = 7 \times 7$	49
$8^2 = 8 \times 8$	64
$9^2 = 9 \times 9$	81

$10^2 = 10 \times 10$	100
$11^2 = 11 \times 11$	121
$12^2 = 12 \times 12$	144
$13^2 = 13 \times 13$	169
$14^2 = 14 \times 14$	196
$15^2 = 15 \times 15$	225
$16^2 = 16 \times 16$	256
$17^2 = 17 \times 17$	289

— Muito bem! Está perfeito! — elogiou Lúcia e, em seguida, ela escreveu e comentou:

$$\sqrt{100} = 10$$

— A raiz quadrada do número 100 é 10.

— Certo! O que tenho de procurar é o número de unidades que forma o lado de um quadrado com 100 peças.

— Em Matemática, isso se chama "extrair a raiz quadrada". Veja:

— Então, ela indicou algumas raízes quadradas, e Luís completou:

$$\sqrt{81} = 9 \qquad \sqrt{169} = 13 \qquad \sqrt{64} = 8$$

$$\sqrt{49} = 7 \qquad \sqrt{225} = 15 \qquad \sqrt{144} = 12$$

Olhando para a tabela dos números quadrados que havia feito, Luís percebeu que faltava algo no início e escreveu:

$$\sqrt{1} = 1$$

— Muito bem, Luís! O lado de um quadrado com uma unidade é o próprio 1.

— Lúcia, descobri que cada vez gosto mais de Matemática.

— É porque você está compreendendo, fazendo suas próprias descobertas. Você está sendo o autor desse conhecimento!

Ele agradeceu e perguntou:

— Só esses números que formam quadrados é que têm raiz quadrada?

— Todo número que seja resultado de outro elevado a dois tem raiz quadrada! Veja estes decimais, por exemplo:

$$\sqrt{0{,}25} = 0{,}5 \rightarrow \text{porque } (0{,}5)^2 = 0{,}25$$

$$\sqrt{1{,}69} = 1{,}3 \rightarrow \text{porque } (1{,}3)^2 = 1{,}69$$

E completou, a seguir:

— Até agora, só calculamos no conjunto dos números naturais, que são quantidades positivas e inteiras. Mais adiante, irá conhecer outros conjuntos numéricos, e a radiciação também irá se ampliar. Suas descobertas de hoje são a base para esses e outros conhecimentos que você irá construir.

— Bem... isso se eu continuar a estudar na Escola do Sapé!

— Não vamos encher a cabeça com isso agora... Quando chegar a hora, será do jeito que tiver de ser.

O dia estava chegando ao fim. Rumaram para a cozinha de dona Benedita, de onde já se espalhava o cheiro irresistível de café.

8 A chegada do grupo Terra Viva

Apesar da viagem noturna, a saída foi uma farra. Eram vinte jovens e mais de cem pessoas para se despedir. Pais, mães, avós, tios, primos, todos queriam dar um beijo de despedida. E quantas recomendações os viajantes tiveram de ouvir! Agora, finalmente, estavam na estrada.

Conversavam, cantavam, liam, faziam palavras cruzadas. A animação estendeu-se até as duas da manhã, quando o motorista fez a parada. Quando o ônibus reiniciou a viagem, todos se renderam ao sono. E, lá pelas oito da manhã, com as caras mais amassadas do mundo, chegaram a Ouro Verde.

Lúcia os esperava com ansiedade, e abraçou a amiga Suzana tantas vezes quantas exigia a saudade. Logo orientou o pessoal, conduzindo-o até a área da fazenda onde montaria o acampamento.

— É aqui que vamos acampar? — estranhou Suzana. — A turma vai acabar com esse lindo gramado.

— Não se preocupe, ele foi plantado especialmente para vocês. — retribuiu Lúcia. — Essa grama é própria para pisoteio.

— Ainda bem!

Após a explicação, Lúcia criou coragem para perguntar o que vinha ruminando desde a chegada do ônibus:

— Suzana, você me contou que realiza um tipo de gincana

cultural... Será que alguns de meus alunos também podem participar? Nós preparamos algo para apresentar...

— Claro que podem! Vai ser ótimo! Daqui a dois ou três dias, quando os jovens estiverem mais adaptados, iniciaremos as apresentações.

Eugênio, Suzana e os demais coordenadores orientavam a montagem do acampamento e a distribuição das tarefas entre os participantes.

Embora Eugênio costumasse viajar bastante, estava encantado com a beleza da região. No íntimo, sentia mesmo uma emoção especial por estar ali, naquele local. Ficar em contato com a natureza fazia-lhe muito bem.

Ele era um jovem inteligente, dedicado aos estudos. Agora, no entanto, experimentava uma inquietação no peito, como se algo muito importante estivesse para acontecer em sua vida.

A região de fato era linda, e logo todos se sentiram em casa. Estabeleceram contato com os pequenos sitiantes da região e, pouco a pouco, iam descobrindo onde comprar feijão, milho, fubá, mandioca, verduras, ovos, leite, queijos e frutas. Sem contar o que ganhavam, entre bolos, tortas, biscoitinhos caseiros... Uma tarde, apareceu uma senhora com um enorme caldeirão de canjica! Naquela noite, ninguém jantou.

Com o auxílio de calhas de bambu, Luís havia canalizado a água do rio, de uma região mais alta, gerando uma pequena cachoeira, que caía num patamar de pedras, preparado pelos alunos da Sapé com os seixos do rio. Dali, a água voltava para o rio nas calhas de bambu, e a natureza mantinha seu equilíbrio.

Lúcia e as crianças da escola sempre apareciam no acampamento, só Luís que não! Sentindo sua ausência, ela foi procurá-lo:

— Luís, o que está acontecendo? Por que ainda não apareceu no acampamento?

— É que eu tenho muito que fazer aqui no sítio!

— Luís!!!

Ele entendeu a intenção da professora e reconsiderou.

— Está bem! Eu fico sem jeito... Não sei conversar com eles! É povo da cidade!

— Povo da cidade também é gente, sabia?! São ótimas pessoas e estão querendo conhecer o construtor da cachoeirinha, como eles o chamam! Nós sempre temos algo a aprender ou a ensinar!

— O que eu posso ensinar para eles?

— Fale sobre a terra, sobre gramados! Quem vai apresentar a pesquisa que realizamos neste semestre?

— Eu?! — espantou-se o jovem.

— Claro! Logo vai começar uma gincana cultural. E você é o representante da Escola do Sapé!

— Representante da escola, eu?

Ele parecia ainda mais assustado com a ideia. Lúcia abraçou-o com afeto e falou:

— Não se preocupe... Você tem competência de sobra para isso. Ou você acha que não?

9

A gincana cultural

Embora tivessem mudado de ambiente, Rita, Mônica e Líria continuavam inseparáveis. Quem quisesse encontrar uma, encontraria sempre as três. Agora, por exemplo, enquanto cuidavam de suas tarefas, conversavam.

— Hoje é o grande dia! — falou Rita. — Nossa apresentação na gincana será à tarde!

— Eu acho ótimo! Assim mostramos logo o nosso tema! Ficou muito bom! — comentou Mônica, confiante.

— Será que o Eugênio vai assistir à nossa apresentação? — indagou Líria.

— Desconfio que não. Ele vive sumido nessas matas... Também não vai fazer falta.

— Líria, você ainda está ligada nesse cara? — recriminou Rita. — Você sabe que coordenador não pode namorar!

A garota deu de ombros, sem nada dizer.

Logo após o almoço, Mônica saiu para dar uma volta. Parou num recanto agradável, onde o rio estreitava, ficando quase coberto pela copa das árvores plantadas nas margens. Sentou-se à sombra delas e observava a natureza, quando ouviu um som de galho pisado no outro lado do rio.

Ao levantar a cabeça, seu olhar cruzou com outro olhar, como um raio de luz que atravessasse a mata e o rio. Uma sensação

nova. Um momento encantador que, num piscar de olhos, desapareceu. A caminho do acampamento, ainda não se recuperara. Intrigada, pensava naquele olhar e, principalmente, se perguntava por que Eugênio vestia aquelas roupas.

Quando voltou, Líria e Rita foram a seu encontro.

— Mônica, onde estava? Faz um tempão que estamos procurando você.

— Aconteceu alguma coisa? Você está tão estranha! Parece hipnotizada!

De certa forma, Mônica estava mesmo no mundo da lua! Lentamente, ela foi voltando ao normal. Olhava em volta, mas não o via por ali. Porém, mesmo sem saber, era observada de longe, por entre as árvores. De qualquer forma, havia chegado o momento de elas iniciarem a apresentação. Então, reuniram o material preparado, se juntaram aos demais participantes debaixo de uma frondosa mangueira e, sob aquela sombra fresca, abriram um cartaz com o nome do projeto, enquanto Rita iniciava sua explicação:

— Há mais de 2.600 anos, os gregos... — em resumo, a garota apresentou o que haviam descoberto sobre a Escola Pitagórica. A seguir, foi a vez de Mônica falar. Antes, porém, ela olhou em volta, mas não viu quem procurava. Nem podia saber que, de longe, alguém a observava, com muito carinho.

— Para os gregos, os números eram os inteiros positivos, a partir do um...

1 – 2 – 3 – 4 – 5 – 6 – 7 – 8 – 9 – 10 – 11 – 12 – 13 – ...

— Eles descobriram que os resultados da soma entre cada número e todos os seus antecessores geravam uma sequência muito especial... — Mônica abriu, então, um novo cartaz, no qual se achava registrado o que estava comentando:

$1 + 2 =$

$1 + 2 + 3 =$

$1 + 2 + 3 + 4 =$

$1 + 2 + 3 + 4 + 5 =$

$1 + 2 + 3 + 4 + 5 + 6 =$

$1 + 2 + 3 + 4 + 5 + 6 + 7 =$

$1 + 2 + 3 + 4 + 5 + 6 + 7 + 8 =$

$1 + 2 + 3 + 4 + 5 + 6 + 7 + 8 + 9 =$

$1 + 2 + 3 + 4 + 5 + 6 + 7 + 8 + 9 + 10 =$

— Completem as adições, aqui mesmo — pediu ela.

$$1 + 2 = 3$$
$$1 + 2 + 3 = 6$$
$$1 + 2 + 3 + 4 = 10$$
$$1 + 2 + 3 + 4 + 5 = 15$$
$$1 + 2 + 3 + 4 + 5 + 6 = 21$$
$$1 + 2 + 3 + 4 + 5 + 6 + 7 = 28$$
$$1 + 2 + 3 + 4 + 5 + 6 + 7 + 8 = 36$$
$$1 + 2 + 3 + 4 + 5 + 6 + 7 + 8 + 9 = 45$$
$$1 + 2 + 3 + 4 + 5 + 6 + 7 + 8 + 9 + 10 = 55$$

— Esses resultados geram a seguinte sequência:

3 – 6 – 10 – 15 – 21 – 28 – 36 – 45 – 55 – 66 – 78...

— E o que essa sequência de números tem de especial? — alguém perguntou.

Enquanto espalhava bolinhas de isopor pelo gramado, Rita explicou:

— Os pitagóricos representavam os números geometricamente por meio de arranjos de pontos. Cada ponto representava, para eles, a quantidade 1. Por exemplo, para representar o número 3, eles usavam 3 pontos. A partir disso, descobriram algo muito interessante sobre essa sequência de números: todos podiam ser representados em forma de triângulo...

Mônica propôs então:

— Essas bolinhas de isopor serão nossos pontos! Cheguem mais perto! Vamos montar os triângulos, como os gregos faziam.

Ninguém sabia por onde começar. Paulinho, da Escola do Sapé, arriscou e formou o primeiro triângulo com o número 3, comentando a seguir:

— Eu sempre arrumo desse jeito quando jogo bolinha de gude.

E, assim, os outros triângulos foram aparecendo enquanto Líria distribuía cartões referentes a cada triângulo.

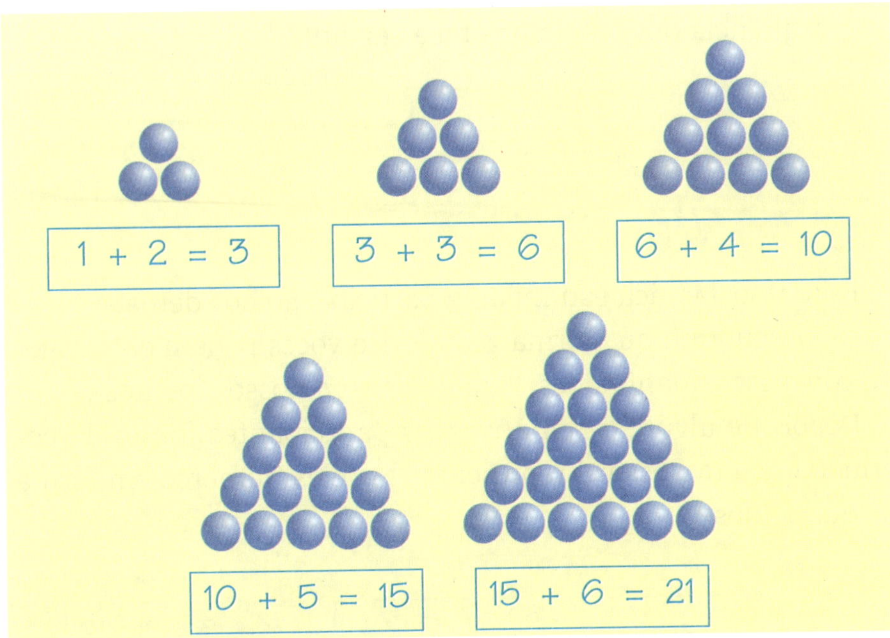

— Puxa! Eu nunca havia imaginado isso! — comentou um dos colegas de acampamento.

— Eles só perceberam porque representavam os números geometricamente — informou Líria.

— Esses números foram chamados de números triangulares — acrescentou Mônica.

— Observem a base dos triângulos — continuou Rita —, elas são exatamente a sequência dos números naturais.

— Mas cadê o número 1? — perguntou alguém.

— Pois é! De repente, os pitagóricos perceberam que teria mais lógica se o número 1 fizesse parte desses números! E como para eles o número 1 era o princípio de tudo, ele também passou a ser considerado um número triangular.

Em seguida, Rita e Líria distribuíram algumas cartelas e, levando mais bolinhas para a grama, Líria orientou:

— Esta é outra atividade, mas tudo está relacionado, vocês vão ver. Calculem os resultados desses números elevados ao expoente 2, registrem a sequência encontrada e completem os cartões.

A sequência dos resultados foi a seguinte:

4 – 9 – 16 – 25 – 36 – 49 – 64 – 81 – 100 – 121 ...

Feito isso, Mônica estimulou a participação dos demais:

— Descubram que forma geométrica vocês podem obter, agora, com essas quantidades. Para isso, usem nossos "pontos".

Depois de algumas tentativas, os participantes foram descobrindo que era possível representar aqueles números em forma de quadrados.

— Esses são os números quadrados — nomeou Mônica. — É legal demais, não é mesmo, pessoal?

— Agora estou entendendo por que se diz que um número está

elevado ao quadrado, quando ele está elevado ao expoente 2!

— Uma vez que os pitagóricos representavam os números utilizando pontos — continuou Rita —, eles se interessavam e se surpreendiam com os arranjos geométricos que conseguiam fazer. Assim, perceberam e estudaram os números quadrados e triangulares.

— Que foram chamados de números figurativos — completou Mônica.

E Líria lembrou-se de comentar:

— Os pitagóricos consideravam o número 1 como o princípio de tudo, portanto, ele também foi considerado um número quadrado.

A animação era completa, todos participavam, tirando suas próprias conclusões. Então, foi a vez de Rita motivar a descoberta de algo muito interessante, até surpreendente. E, apontando para a sequência dos números triangulares, pediu:

Números triangulares (já com o 1)

1 – 3 – 6 – 10 – 15 – 21 – 28 – 36 – 45 – 55 – 66 – 78...

— Experimentem somar dois números triangulares consecutivos...

Os jovens atenderam e encontraram os seguintes resultados:

1 + 3 = 4	21 + 28 = 49
3 + 6 = 9	28 + 36 = 64
6 + 10 = 16	36 + 45 = 81
10 + 15 = 25	45 + 55 = 100
15 + 21 = 36	55 + 66 = 121

— Que demais! — reagiram entusiasmados os colegas de acampamento.

— Qualquer soma entre dois números triangulares consecutivos resulta sempre num número quadrado!

Depois de muita animação e descobertas sensacionais, Mônica concluiu:

— Esta pesquisa foi surpreendente para nós mesmas... como acreditamos ter sido também para os gregos! Realmente, ficamos fascinadas pela lógica da Matemática.

Números triangulares:
1 – 3 – 6 – 10 – 15 – 21 – 28 – 36 – 45 – 55 – 66 – 78...

Números quadrados:
1 – 4 – 9 – 16 – 25 – 36 – 49 – 64 – 81 – 100 – 121...

A soma de dois números triangulares consecutivos resulta num número quadrado:

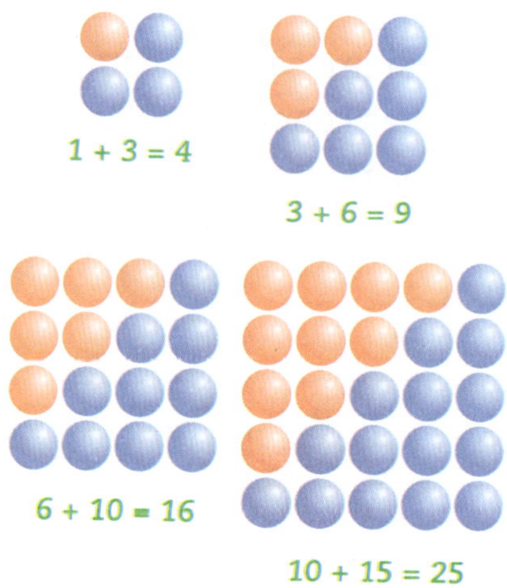

Suplemento de atividades

A Descoberta da Matemática

Uma raiz diferente · Luzia Faraco Ramos

Nome ______________________

Ano ________ Ensino ______________

Escola ______________________

Luís trabalha no desenvolvimento de técnicas do plantio de grama, e aprendeu que potenciação e números quadrados estão relacionados com o que faz. Preencha estas atividades e relembre tudo o que você e Luís descobriram de mais importante sobre esse assunto.

1 Você acompanhou a história de Luís e do pessoal do grupo Terra Viva. As afirmativas abaixo se referem aos principais acontecimentos da história.

Luís

Eugênio

Mônica

prof.ª Lúcia

a) Assinale V para as afirmativas verdadeiras e F para as falsas:

Luís começou a estudar apenas aos 13 anos porque não gostava de escola. (   )

Os avós de Luís se dedicam a atividades agrícolas. (   )

Luís sempre foi um aluno interessado e deseja continuar os estudos. (   )

A professora Lúcia não se preocupa com o aprendizado de seus alunos. (   )

O grupo Terra Viva se dedica a atividades matemáticas. (   )

Luís e Eugênio se encontram pela primeira vez durante o plantio de grama na escola. (   )

Mônica se interessa por Luís assim que o vê, mas fica pensando que ele é Eugênio. (   )

Na gincana cultural, a Escola do Sapé apresenta o projeto de plantio de grama. (   )

b) Você deve ter encontrado 4 respostas falsas. Escreva aqui os fatos verdadeiros referentes a elas:

10

O chá verde de Ouro Verde

A apresentação das meninas foi um sucesso. Os participantes gostaram e fizeram comentários. Até as crianças da Escola do Sapé opinaram. Mariana, por exemplo, fez questão de revelar aos visitantes:

— Foi formando quadrados que nós plantamos este gramado!

— Isso a gente vai contar melhor quando o Luís chegar — lembrou Paulinho.

— Essa é parte do tema dos alunos da Escola do Sapé — revelou Lúcia. — Em breve, faremos a apresentação de nossa pesquisa.

Após a apresentação das meninas, Lúcia preparou um refresco geladinho. E, ao oferecê-lo, lançou um desafio:

— Do que é feito este refresco? Alguém sabe?

— Eu não sei, mas é uma delícia! — respondeu Rita, sempre solícita.

— Acho que já senti este cheiro antes... — considerou Líria.

— Eu não sei o que é, mas quero mais! — falou Mônica, estendendo a caneca.

— Onde será que anda o Eugênio? Ele ia adorar o suco e reconheceria o sabor! — considerou Suzana.

— Sabe que eu estava estranhando? Você já me falou dele, mas nunca o vi por aqui — comentou Lúcia.

— Também pudera, ele acorda cedo, faz suas obrigações e só volta ao anoitecer. Ele merece. Está se refazendo da dedicação ao vestibular.

Como ninguém descobriu a origem do refresco, Lúcia apontou para o líquido verde-claro e revelou:

— É chá gelado de erva-cidreira, também conhecida como capim-santo!

— É isso mesmo! — vibrou Mônica. — Bem que eu estava reconhecendo o cheiro!

— Minha vó sempre toma — comentou Líria. — Agora vou preparar, gelar e tomar junto com ela!

— Ah, esquecemos de contar... — interveio Rita. — Os membros da Escola Pitagórica eram vegetarianos!

— Só comiam coisas verdes?

— Meleca! — brincou alguém.

— Verdes, vermelhas, amarelas, roxas, brancas... Na alimentação natural, todas as cores estão presentes. Nossa alimentação pode ser bem colorida, assim seria bem equilibrada em nutrientes — comentou uma estudante de nutrição.

— É verdade! E quem diz que não gosta é porque nunca experimentou! — afirmou Lúcia, concordando com a jovem monitora.

Ali, entre tantas outras coisas, aprendiam também a apreciar os sabores que a natureza oferecia.

Eugênio, como sempre, só chegou depois de anoitecer. Justamente na hora em que as garotas iam para a Escola do Sapé, onde tomavam banho. Primeiro iam as garotas; depois que elas voltavam, iam os rapazes. Ele passou pela cachoeirinha, tomou um banho por ali mesmo, comeu algo, lavou seu prato, os talheres e foi dormir.

Mônica não comentou sobre o encontro daquela tarde com ninguém, mas se arrumou toda. As amigas até estranharam. Quando voltou, perguntou por Eugênio, mas soube que ele já havia ido dormir. Ficou decepcionada!

No dia seguinte, foi a primeira a acordar. Um a um foram saindo todos de suas barracas. Só Eugênio não apareceu.

— Acho que ele está fugindo de mim! — Mônica falou para si mesma. — Ou quem sabe, não quer demonstrar... Afinal, ele não pode se envolver com garotas do grupo. Uma bobagem, porque essas coisas acontecem! Eu jamais vou esquecer aquele momento!

— Mônica! Mônica! — chamou Rita, com insistência.

— Estamos chamando há um tempão! Você não escuta, não?! — cobrou Líria.

— Parece até que viu um príncipe encantado! — brincou Rita.

— Ora, Rita, deixe de bobagem! Ando distraída, só isso! Está um dia lindo, não acham?

E ela passou toda a manhã no acampamento, com aquele sorriso no rosto.

Naquela manhã, Luís acordou antes dos avós. Quando se levantaram, encontraram a mesa pronta. O café já coado, o leite quente e o pão feito pela avó no dia anterior esquentado no fogão a lenha.

— Luís, que beleza! — alegrou-se a avó ao entrar na cozinha. — Chame seu avô.

Tomaram o café da manhã juntos. Luís estava muito animado, e a avó começou a falar:

— Luís, eu e seu avô estamos preocupados. Achamos que você andava meio tristonho... Fico contente de ver você assim animado...

— Estou mesmo, vó, e não se preocupem comigo! Viram que dia lindo está fazendo hoje! Vou passar na casa da Lúcia e depois vou nadar um pouco no rio.

Já longe, Luís gritou:

— Vó, faça um almoço bem gostoso! Hoje é um dia especial!

— Olá, Luís, vejo que está animado hoje! Que bom vê-lo assim! — surpreendeu-se Lúcia.

— Estou mesmo! Vim contar que hoje à tarde eu vou até o acampamento! Se quiser, podemos fazer nossa apresentação!

— Está combinado! Nem é preciso avisar as crianças... Elas vão para lá toda tarde. Ontem, a Mariana até começou a contar sobre o plantio de grama.

— É... eu fiquei sabendo!

— Como soube?

— O que eu sei é que ela gosta de contar tudo! Bom, eu já vou indo... Só vim avisar que estarei lá!

— Até a tarde, então. Pelo visto você percebeu que os jovens da cidade não são diferentes de você!

— Tem razão, Lúcia, era bobagem mesmo!

11

As verdadeiras raízes

Eugênio havia saído do acampamento antes de o dia amanhecer. A inquietação no peito continuava, caminhava como se fosse ao encontro de algo que ele não sabia o que era. No íntimo, se sentia voltando para casa, e não sabia explicar o porquê.

Caminhou muito, o sol já ia alto quando decidiu mergulhar no rio para se refrescar. O rio, porém, tinha seus mistérios. Eugênio sabia nadar, mas estava acostumado com piscinas, sem galhos ou raízes de árvores. Assim, sem saber como, ficou preso na vegetação que se espalhava no rio. A dor era grande e ele não conseguia nadar até a margem. Já fazia algum tempo que estava ali sem conseguir se soltar. Quanto mais se debatia para sair, mais preso parecia ficar.

Luís nadava rio acima quando ouviu um gemido e viu, em seguida, o corpo se debatendo. De longe gritou:

— Não se mexa. Já estou chegando. — Ele acelerou as braçadas, imaginando que fosse alguém do acampamento.

Assim que se aproximou, Luís mergulhou, e, por baixo da água, foi soltando as raízes e os cipós que prendiam as pernas de Eugênio, já exausto. Segurou-o firmemente e levou-o até a margem. Durante alguns instantes, permaneceram em silêncio, respirando, se refazendo do esforço. Tudo havia sido muito rápido. Por fim, Eugênio conseguiu falar:

— Que bom que você apareceu... Sozinho eu não ia conseguir, não.

— Ora, não foi nada. O rio é limpo, mas tem segredos para quem não o conhece.

Os jovens então se encararam e só aí perceberam. Os dois ficaram mudos; difícil dizer qual o mais assustado. Luís e Eugênio eram absolutamente idênticos.

— Eu... Eu sou Luís.

— E eu... Eu sou Eugênio... Estou acampado...

A surpresa era grande demais. Os dois não cansavam de se olhar.

— Somos tão iguais! — exclamou Eugênio, se refazendo da surpresa.

— Pois é... Parece que estou me vendo no espelho quando olho para você! Nunca vi duas pessoas tão parecidas como nós dois.

— Isso só acontece com irmãos gêmeos.

— Mas eu não tenho nenhum irmão... muito menos gêmeo!

A reação de Luís demonstrava que ele não entendia o que estava acontecendo. Eugênio, porém, começou a ligar alguns fatos e, com a voz carregada pela emoção, começou a falar:

— Desde que cheguei a Ouro Verde, tenho a sensação de estar voltando para casa...

— Eu, com certeza, nunca o vi por aqui... Do contrário jamais esqueceria.

— Luís, minha mãe morreu durante meu parto...

— Que coincidência! A minha também morreu de parto... fui criado pelos meus avós — explicou Luís.

E Eugênio continuou:

— Eu sempre soube que era filho adotivo. Os meus pais queriam muito um filho, mas não conseguiram. Então, um dia, receberam um telefonema e souberam que havia uma criança para adotar, cuja mãe havia morrido no parto. Eles foram me buscar na casa da parteira, num lugar muito distante. Eram jovens, sentiam-se muito ansiosos, só lembravam de um nome: Topázio.

— Topázio? — admirou-se Luís. — Esse é o nome da fazenda

onde vocês estão acampados. Sempre me contaram que ali, onde hoje é a escola, ficava a casa de uma parteira, que foi embora depois de ter separado dois irmãos gêmeos.

Ao terminar de falar, Luís parecia ter entendido tudo.

Os dois se uniram, então, num abraço muito apertado e carinhoso, e assim permaneceram por um longo tempo. Quando finalmente se separaram, Luís convidou:

— Eugênio, vamos até minha casa... Acho que ainda temos muitas coisas para compreender.

Ao ver Luís e Eugênio lado a lado na cozinha, dona Benedita levou um grande susto. Abraçou os dois com lágrimas nos olhos. Em seguida, foi chamar o marido, que lidava com a terra. Naquele momento, sabia que a emoção a impediria de dizer qualquer coisa. Ao ver os dois rapazes, o susto do marido foi tão grande que ele também não conseguiu dizer nada. Então, finalmente refeita, a velha senhora começou a contar uma história, havia muito guardada no seu peito, e da qual Luís pouco sabia.

— Há cerca de dezessete anos, uma jovem, grávida de quase nove meses, foi encontrada perto do rio. Não tinha documentos; ninguém a conhecia, nem sabia de onde vinha. Foi levada para a casa da parteira, onde as crianças nasceram, porém, a mãe não suportou o parto. Dona Vida, como era chamada a parteira, precisava decidir o que fazer com os bebês. Imaginou que seria difícil alguém adotar os dois. Então, sem contar a ninguém que eram gêmeos, foi procurar quem quisesse adotar um bebê.

E seu João continuou:

— Ficamos sabendo do fato, e o resto vocês já podem imaginar. Apesar da idade, adotamos e criamos o Luís como nosso neto, sem saber que ele tinha um irmão. E, com você, meu rapaz, deve ter acontecido a mesma coisa.

A dona da casa concordou e continuou:

— Certo dia, a tal parteira desapareceu. Anos depois, encontraram o diário dela na gaveta de uma mesa velha, e nele ela se dizia arrependida de ter separado os irmãos. O fato é que nunca se soube quem eram as crianças.

— Você era ainda muito pequeno, quando eu arranjei um trabalho longe daqui e fomos embora...

— Eu me lembro de que quando voltamos eu tinha 13 para 14 anos. Foi quando comecei a estudar na Escola do Sapé...

A avó ouviu o neto e explicou em seguida:

— Hoje, eu sei que erramos em não contar a verdade... Faz tempo que eu venho ensaiando para contar, mas fui deixando o tempo passar... Tinha medo de magoar você...

— Ora, vovó, podia ter contado. Não ia fazer nenhuma diferença. Pelo contrário, gostaria de ter sabido da minha mãe. Agora, compreendo o vazio que sentia; era falta do meu irmão.

— Eu também me sentia assim, Luís... — concordou Eugênio. E, voltando-se para os velhos, acrescentou: — Dona Benedita, seu João... depois do que ouvi, me sinto meio neto de vocês também...

— Pois eu acho isso muito bom! — aprovou a mulher, com um sorriso emocionado.

— Meus pais também são maravilhosos — continuou Eugênio. — Quando souberem dessa história, vão querer conhecê-los.

Dona Benedita cuidou do ferimento na perna de Eugênio. E, depois, se sentaram para o almoço. Havia feito uma comida especial para atender ao pedido de Luís, sem saber que a refeição também serviria para comemorar a chegada de um novo neto.

Os irmãos conversaram o dia todo. Afinal, tinham dezessete anos para colocar em dia. O afeto que sentiam um pelo outro superava as diferenças pela forma como cada um havia sido criado. E ambos sentiam ter recebido o melhor dos presentes.

Quando se deram conta, já anoitecia. Luís, com a confiança que se estabeleceu entre eles, se sentiu à vontade para contar sobre a garota do acampamento. Descreveu-a e Eugênio conseguiu identificar Mônica.

— Eugênio, ela deve estar imaginando que eu era você!

— Pode ser, mas, como não tenho ficado no acampamento, não falei com ela. Não se preocupe, amanhã vamos esclarecer tudo.

Luís contou para Eugênio sobre a pesquisa que havia realizado com Lúcia, sobre a grama, as raízes quadradas, pegou até os cubinhos de madeira para mostrar a ele. Então, Eugênio teve uma ideia.

— Luís, dá para mandar um recado para o acampamento?

— Claro que sim!

Paulinho, que era vizinho do sítio, foi até o acampamento avisar que Eugênio iria dormir na casa do Luís.

— Você não vai se arrepender... O vô tem cada história pra contar!

— Hoje, eu quero ouvir essas histórias sim, mas amanhã... Amanhã bem cedo, se você concordar, quero ir além da raiz quadrada. Esses cubinhos são perfeitos.

— Você está parecendo a Lúcia, minha professora... Xiii... eu esqueci...

— Esqueceu o quê?

— Eu disse que ia hoje de tarde lá, para apresentar a pesquisa da Escola do Sapé...

— Agora já é quase noite. E, depois, quando ela e a Suzana souberem o motivo do nosso sumiço, com certeza nos perdoarão.

Os irmãos e os avós estavam muito felizes. Mal podiam conter a alegria. Durante o jantar, com cheiro de fogão a lenha, Eugênio comentou:

— Luís, você precisa continuar a estudar.

— Eu até que gostaria, mas aqui é impossível. A escola só vai até o quinto ano.

— Venha morar comigo! Tenho certeza de que meus pais vão concordar.

O jovem foi tomado de surpresa. Como imaginar a vida longe dali e, principalmente, longe dos avós?

Dona Benedita sentiu que era o momento de dizer algo:

— Luís, nós vamos sentir sua falta, mas é muito importante que vá com o Eugênio. Vocês voltarão para cá sempre que puderem. Agora, vocês têm duas famílias.

— Eu... Eu preciso pensar...

Ficaram conversando ainda algum tempo. E, enquanto refazia o curativo na perna de Eugênio, dona Benedita comentou:

— Agora, vou estar muito ocupada, tenho um novo neto para cuidar!

Os jovens riram, alegres. E se deitaram cedo. Haviam experimentado muitas emoções para um dia só.

Do quarto, os rapazes ouviram seu João dizendo:

— A vida é sábia mesmo! Tá vendo, Benedita... Não é à toa que eu digo que a vida sempre traz o que é da gente!

E, sorrindo, concordaram ambos.

— Sábio é o seu avô — interveio Eugênio.

— O nosso avô! — retrucou Luís.

Ao nascer, Luís e Eugênio tinham sido separados. Com o sábio passar do tempo, a vida conseguira aproximá-los novamente.

12

As outras raízes

Luís e Eugênio acordaram sentindo-se muito bem. E, depois do banho, tomaram o delicioso café da manhã com a família reunida. Os irmãos, na verdade, comeram rapidamente e foram para o barracão, onde Eugênio ficou sabendo como Luís estava compreendendo a raiz quadrada. Depois de observar, perguntou:

— Você conhece um pouco de potenciação?

— Um pouco! Sei que o expoente indica quantas vezes a base é multiplicada por ela mesma...

Eugênio pediu, e Luís calculou as seguintes potências:

$2^3 = 2 \times 2 \times 2 = 8$ $\quad$ $3^3 = 3 \times 3 \times 3 = 27$

$4^3 = 4 \times 4 \times 4 = 64$ $\quad$ $5^3 = 5 \times 5 \times 5 = 125$

— Isso mesmo! Agora pegue os cubinhos. Vamos representar 2^3 com eles.

— Nem imagino como, Eugênio!

— Não se preocupe, é simples... Você já sabe que 2^3 é 2 vezes 2 vezes 2. Certo?

— Sim! — E Luís escreveu:

$$2^3 = 2 \times \underbrace{2 \times 2} = 8$$

Então, Eugênio mostrou:

— Posso montar duas placas quadradas de 2 vezes 2. Veja:

— Luís, o que você pode fazer com essas duas placas?

O rapaz pensou um pouco e arriscou:

— Se colocar uma em cima da outra, formo um cubo com 8 peças! Puxa! Isso é muito legal! — surpreendeu-se ele.

$$2^3 = 2 \times 2 \times 2 = 8$$

— Concordo com você. E qual foi a origem desse cubo com 8 peças?

— Foi o dois, porque tudo começou com ele! Ei, vai me dizer que cubo também tem raiz?

— Vou sim, a raiz de um cubo com 8 peças é o 2.

A raiz cúbica de 8 é 2 ou

$$\sqrt[3]{8} = 2$$

— Na raiz quadrada, não aparecia o número 2 naquele cantinho — lembrou Luís.

— Agora, na raiz cúbica, o índice 3 deve aparecer para diferenciar da raiz quadrada, que não precisa mostrar o índice.

— Que legal — dizia Luís para si mesmo. — Então, 2^3 resulta num cubo com 8 peças, e a raiz desse cubo é o 2.

— Certo! Vamos ver como fica a representação de 3^3.

Destacaram o cálculo:

$$3^3 = 3 \times 3 \times 3 = 27$$

— Então, vamos montar três placas quadradas de 3 vezes 3.

— Vou sobrepor estas camadas.

$$3^3 = 3 \times 3 \times 3 = 27$$

— E teremos um cubo com 27 peças.

— E qual foi a origem de um cubo com 27 peças, ou seja, qual é a raiz cúbica de 27?

Luís registrou e completou:

$$\sqrt[3]{27} = 3$$

— A raiz é 3.

— Que podemos concluir com isso, Luís?

— Que a raiz do cubo é a base da potência que o gerou!

— Perfeito! É isso mesmo, Luís!

— Então, eu arrisco dizer que 4^3 vai gerar um cubo com 64 peças, estou certo?

— Descubra — disse Eugênio já ajudando o irmão a preparar as quatro placas quadradas com 16 peças.

E com as placas montaram o cubo:

$$4^3 = 4 \times 4 \times 4 = 64$$

Portanto $\sqrt[3]{64} = 4$

— Engraçado... Eu só conhecia números que formavam quadrados; agora conheço números que formam cubos.

— Isso mesmo! Todo resultado de um número elevado a 3 é chamado de número cúbico, porque com ele é possível formar um cubo. É por isso que todo número elevado a 3 também é chamado de "elevado ao cubo".

Luís pensou por alguns instantes e decidiu o seguinte:

— Vou acrescentar esses números cúbicos aos meus números

quadrados para fazer minha apresentação sobre a grama na gincana cultural.

— Agora sou eu quem tem de aprender — disse Eugênio. — O que a grama tem a ver com os números quadrados?

— Isso, Eugênio, você só saberá na gincana. Neste instante, tenho um assunto muito importante para resolver. Vou até lá perto do acampamento ver se encontro a Mônica!

— Tudo bem! Nos encontramos aqui, no almoço. E à tarde vamos juntos para o acampamento. Agora, quero curtir um pouco meus novos avós.

A raiz cúbica de um determinado número é o número que elevado ao cubo o resultou. Por exemplo:

$$5^3 = 5 \times \sqrt[3]{5 \times 5} = 125,$$

$$10^3 = 10 \times \sqrt[3]{10 \times 10} = 1\,000,$$

Se você quiser saber qual a raiz quadrada de um cubo, olhe para sua aresta.

Aresta é a linha em que dois lados do cubo se encontram.

13

O encontro

Luís foi direto para o recanto do rio, onde havia encontrado Mônica. E, pouco depois, a garota chegou, também procurando por ele. Então, sem fazer nenhum ruído, ele se aproximou e a chamou:

— Mônica...

A garota virou-se, e a respiração dele acelerou. Como ela lhe sorria, ele se apresentou:

— Eu sou Luís.

— Comigo, você não precisa disfarçar, Eugênio... Aqui estamos sozinhos!

— Você não está entendendo, Mônica. Não sou o Eugênio, me chamo Luís... E moro aqui em Ouro Verde. Desde que vocês chegaram, venho rodeando o acampamento, foi quando eu a vi de longe e não tive coragem de chegar perto. Até que, anteontem, nos encontramos aqui no rio, lembra? Era eu que estava do outro lado da margem...

Mônica esperou a surpresa passar e, retomando o ritmo normal da respiração, falou:

— Então você é o Luís que preparou a cachoeirinha?

— Sou eu mesmo! Ontem eu criei coragem e ia aparecer no acampamento, mas aí aconteceu uma coisa surpreendente...

— É engraçado... Olhando bem para você, percebo que não é o Eugênio... Ele tem um jeito diferente do seu, apesar de vocês dois serem idênticos. Como sabia que eu achava que você era ele?

Luís contou tudo a ela. Desde a história da parteira, apelidada de dona Vida, até a manhã do dia anterior, quando socorrera o irmão desconhecido no rio.

— Nossa! Essa história é emocionante! — disse ela ouvindo tudo atentamente.

Suas mãos, que estavam próximas, foram se tocando. E assim permaneceram os dois juntos, de mãos dadas, às margens do rio tão importante na vida daquele jovem. Foram despertados pelo badalar do sino no acampamento, que chamava para o almoço.

— Por enquanto, não conte nada a ninguém, Mônica... Eu vou

me encontrar com o Eugênio, que ficou lá em casa, e depois vamos para o acampamento.

— Ah, agora entendi por que o Eugênio dormiu na casa do construtor da cachoeirinha! — disse ela brincando, com um lindo sorriso nos lábios.

Encorajado, ele se aproximou e lhe deu um beijo no rosto.

E saíram os dois, correndo em direções opostas, felizes da vida.

14

A grama e as raízes

No início da tarde, em clima de suspense, Luís e Eugênio apareceram juntos no acampamento. Foi muito engraçada a reação das pessoas. As primeiras que viram foram chamando as outras e, em poucos instantes, os dois estavam no centro de uma grande roda. Só Mônica conhecia o segredo. Os outros nem imaginavam.

Como Eugênio andava meio desaparecido desde a chegada à fazenda, Suzana brincou:

— Eugênio, você foi raptado por seres do espaço e foi clonado! Foi isso que aconteceu?

— Não, Suzana — respondeu Eugênio, abraçando seu "clone". — O Luís é meu irmão!

— Irmão?! — admirou-se muito a coordenadora. — Nossa, que história!

Estavam todos surpresos demais para dizer alguma coisa. Então, sentaram-se formando uma roda. E os dois passaram a contar a história, desde os tempos em que um não sabia da existência do outro, até a manhã do dia anterior, quando Luís socorrera Eugênio no rio. A alegria dos irmãos acabou por contagiar os demais, transformando o encontro da tarde numa grande festa.

Depois, quando a euforia já havia passado e todos pareciam acostumados com os dois irmãos, Luís chamou Lúcia e as crianças da Escola do Sapé para ajudá-lo na apresentação do tema.

Mariana, Paulinho, Joana e Luís fariam a apresentação, revezando-se na explicação. A abertura coube a Luís, que começou lendo o texto de sua pesquisa:

— Há séculos, as gramas, gramíneas, como são chamadas tecnicamente, estão presentes na paisagem. Elas se desenvolveram em pastos, onde eram pisoteadas, e serviam de alimento para os rebanhos...

Mariana continuou:

— Há mais ou menos 500 ou 600 anos, as gramas se tornaram populares em áreas públicas como jardins ou espaços esportivos... Nesse tempo, imaginem, não havia cortadores de grama. Elas eram amassadas com pilões e muito pisoteadas para ficarem baixas... Só mais tarde é que as pessoas perceberam que elas podiam ser cortadas...

— O engraçado é que, quando a gente olha a grama bem de pertinho no chão, ela parece achatada... Dá mesmo a impressão de que foi pisada — comentou alguém.

Luís, então, recomeçou:

— Minha família se dedica ao cultivo de grama, e toda esta área em que estamos sentados foi na verdade uma área de teste para um novo tipo de cultivo que estamos pesquisando.

— Pois saiba que está sendo uma delícia andar sobre ela — comentou Líria.

Todos concordaram com as palavras da garota. E alguém, brincando, disse:

— Acabei de descobrir que sou cobaia num plantio de grama! Mas estou gostando...

Lúcia passou a enumerar, então, as funções ecológicas dos gramados:

— Além de deixar a área mais bonita, contribuem para evitar a erosão do solo. Amortecem o impacto das chuvas fortes, permitindo maior infiltração da água no solo. Imaginem vocês que, em um metro quadrado de gramado bem fechado, convivem cerca de mil pés de grama. Elas geram um autêntico tapete natural.

Os jovens permaneciam atentos. Aparentemente, ninguém imaginava que áreas gramadas gerassem tantos benefícios.

— A grama deve ser correntemente regada, e, como ela retém muita água, deixa o ambiente úmido. Ela também libera oxigênio, melhorando a qualidade do ar.

Lúcia aproveitou a oportunidade para um lembrete muito importante:

— Grandes áreas gramadas refletem 50% do calor do sol, diminuindo o efeito estufa.

— Temos de concordar que, apesar do calor, a temperatura aqui no acampamento fica agradável mesmo — comentou alguém.

— Fizemos algumas pesquisas confirmando que a temperatura ambiente de uma grande área gramada é quinze graus menor que numa mesma área asfaltada, e sete graus menor que a de solo descoberto — contou Luís.

E Lúcia acrescentou:

— Deveríamos plantar grama em todas as áreas não destinadas a plantio ou construções. E encontrar alguma solução para as grandes cidades em relação ao asfalto. Ele não absorve a água da chuva, como os campos; portanto, todas as grandes cidades tendem a sofrer enchentes nas estações das chuvas.

Suzana, pesquisadora do assunto, também colaborou:

— Quando a água das chuvas é absorvida pelo solo, elas retornam para os lençóis de água, que ficam ali, nos chamados lençóis freáticos. Atualmente, a quantidade de água destinada ao consumo humano na Terra está reduzida a 1%. Cuidar bem da água é cuidar da nossa sobrevivência no futuro.

— Então as calçadas deviam ser todas gramadas, para poder absorver a água das chuvas! — comentou alguém.

— Devíamos fazer uma campanha para gramar tudo que é espaço livre nas cidades — disse outro jovem, animado.

— Excelente ideia! — concordou Suzana. — Somente com sérios programas ambientais é que vamos melhorar a qualidade de vida.

— Termos consciência disso e propagar esse conhecimento é

tarefa que cabe a cada um de nós! Deveríamos fazer da Terra um planeta verde — completou Eugênio.

E as pessoas aplaudiram muito contentes todas as sugestões.

Depois do já famoso chá gelado de erva-cidreira, Luís e seus colegas da Escola do Sapé contaram tudo sobre o plantio dos *plugs*. Demonstraram o plantio com os seixos do rio, como da primeira vez em que formaram quadrados, remetendo ao que Mônica, Rita e Líria haviam contado sobre os gregos, os números quadrados e triangulares.

Luís também apresentou os números cúbicos. Contou que não era só a grama que tinha raízes. E, usando os cubinhos, demonstrou o que era raiz quadrada e raiz cúbica. Mônica não cabia em si de contentamento. Luís era um rapaz simples, sem dúvida, e muito encantador.

Naquela noite, Paulinho foi levar outro recado, só que agora para dona Benedita e seu João. Assim que atenderam, ele disse:

— Dona Benedita, o Luís mandou avisar que vai dormir no acampamento.

À noite, após o jantar preparado por muitas mãos, a alegria continuou. Mônica e Luís, assim que puderam, se afastaram da agitação para ficarem sozinhos um pouco.

Ao longe, ouviam o som de um violão afinado e a voz do grupo cantando. Seus rostos estavam próximos. E, num momento de encanto, seus lábios se tocaram. Era o primeiro de muitos beijos que trocariam dali para frente.

Muitas raízes haviam sido descobertas e muitos encontros se realizaram durante aquela inesquecível viagem. Na data da partida, o ônibus levava um passageiro a mais, que seguia feliz para a nova vida que o esperava.

mini Almanaque sobre raiz quadrada e raiz cúbica

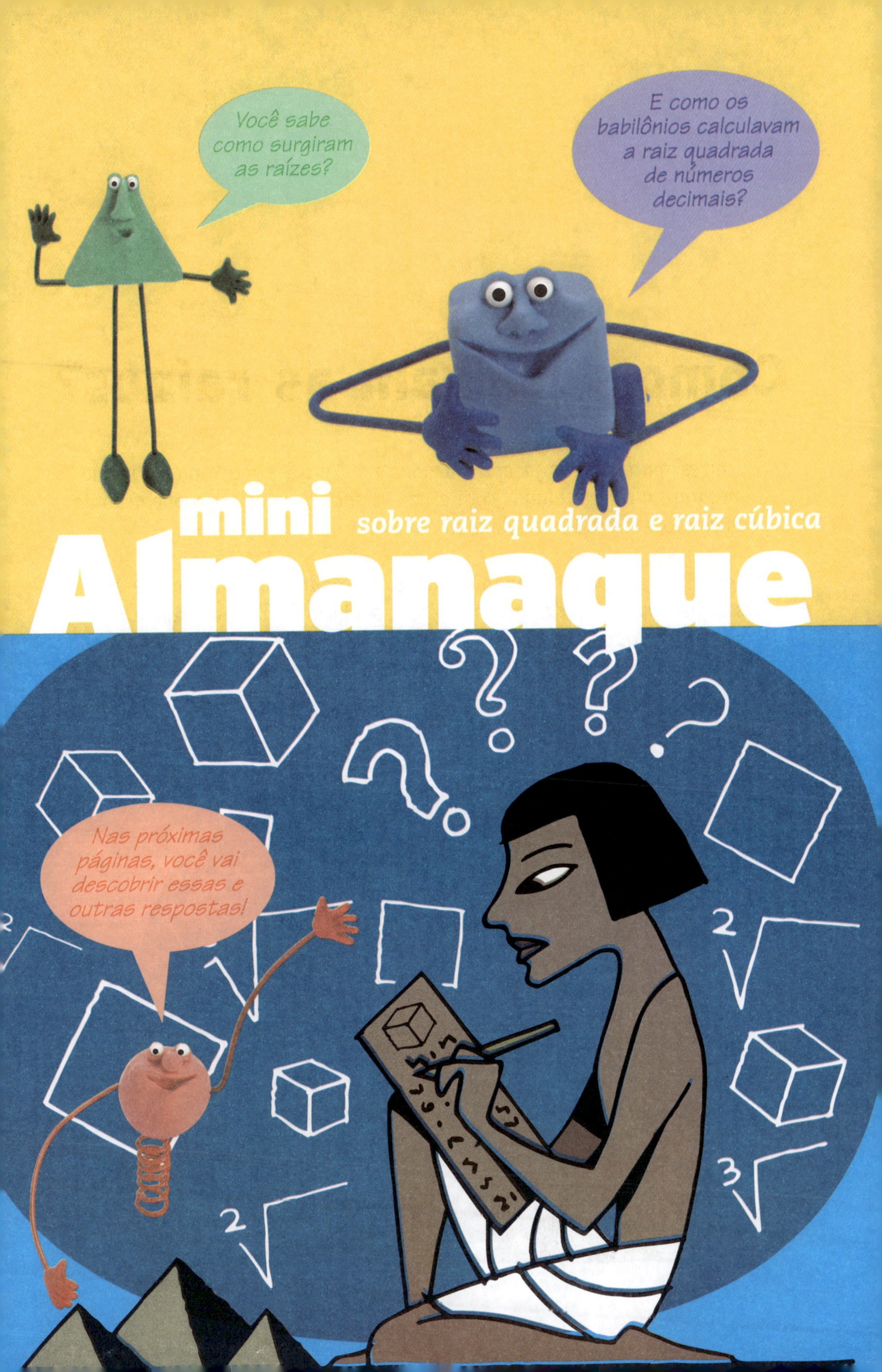

História

A origem do conhecimento matemático

Como surgiram as raízes?

As raízes matemáticas já eram usadas no Egito Antigo e na Babilônia. Começaram a ser estudadas com a necessidade de inverter a operação de potenciação, em problemas de área e volume.

Por exemplo: se tivermos um quadrado com $5\ m$ *de lado, qual é a sua área? Nesse caso, para achar a área, usamos a potência* $(5\ m)^2$, *ou seja,* $25\ m^2$. *E, se nos for dada a área,* $25\ m^2$, *e quisermos saber quanto mede o lado, usamos a raiz quadrada:* $\sqrt{25\ m^2} = 5\ m$.

Renascimento

No Renascimento (séculos XV-XVI), as palavras usadas na Matemática começaram a ser abreviadas. O *plus* (mais) da adição ficou apenas **p** e o *equal* (igual) passou a ser **eq**. Mais tarde, as abreviações foram substituídas pelos sinais que usamos atualmente.

Do mesmo modo, a palavra **radix**, *que em latim significa* **raiz**, *foi abreviada para* **Rad** *e, depois, passou-se a usar apenas* **R**, *acompanhado de* **q** *para raiz quadrada e de* **c** *para raiz cúbica. Desse modo,* **Rc27** *significava* $\sqrt[3]{27}$ *, que é 3. Por fim, o* **R** *acabou virando* $\sqrt{}$.

O símbolo de raiz $\sqrt{}$ *apareceu pela primeira vez em 1525 no livro de álgebra* **Die Coss** *(As coisas), de autoria de Christoff Rudolff (1499-1545), porém sem os índices que indicavam se era raiz quadrada, cúbica, de quarta potência etc.*

Raízes quadradas inteiras

Os quadrados mostram de uma maneira simples os números naturais que possuem raízes quadradas inteiras. Observe estes quadrados:

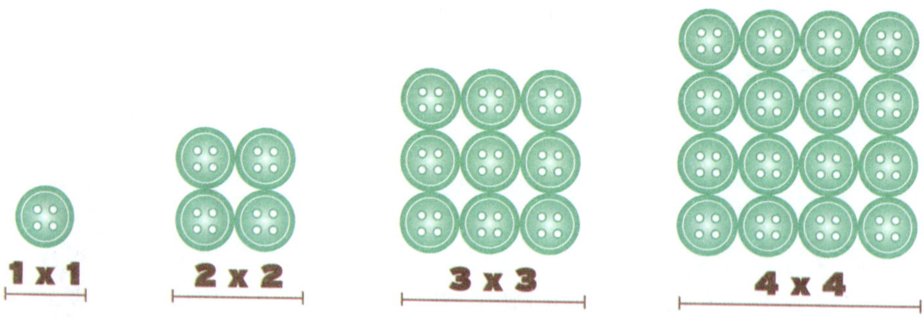

Se continuarmos formando quadrados cada vez maiores, obteremos os números **1, 4, 9, 16, 25, 36, 49, 64, 81, 100, 121, 144** etc.

Mas como calcular a raiz quadrada de números decimais? Vamos ver um exemplo: qual é a raiz quadrada de 1,69? Para resolver esse cálculo, os babilônios faziam uma substituição. Observe:

$$1{,}69 = 169 \div 100$$

Então, substituíam da seguinte forma:

$$\sqrt{1{,}69} = \sqrt{169} \div \sqrt{100}$$

E calculavam:

$$13 \div 10 = 1{,}3$$

Curiosidades

Informações curiosas e divertidas

Quando as raízes

começaram a ser estudadas, surgiu um problema: nem todas eram inteiras. Por exemplo, se quisermos construir um quadrado com 2 m^2 de área, qual deve ser o comprimento do seu lado? A resposta é

1,414 213 562 373 095 048 801 688 724 209 7... metros.

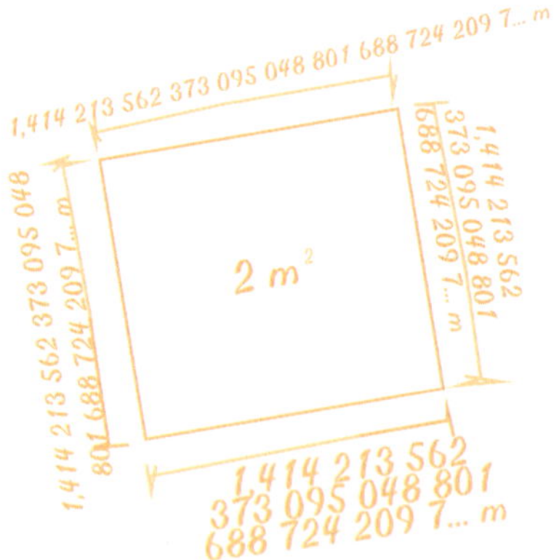

OBSERVE A REGULARIDADE:

$$\sqrt{1089} = 33$$

$$\sqrt{110889} = 333$$

$$\sqrt{11108889} = 3333$$

$$\sqrt{1111088889} = 33333$$

$$\sqrt{111110888889} = 333333$$

Cada número quadrado é uma soma de números ímpares:

$$1 = 1$$
$$4 = 1 + 3$$
$$9 = 1 + 3 + 5$$
$$16 = 1 + 3 + 5 + 7$$

Fica fácil visualizar isso no quadrado abaixo:

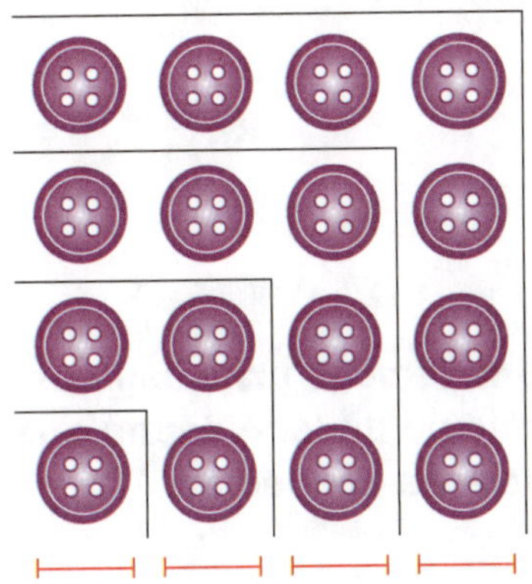

Algo parecido acontece com os cubos.

$$1^3 = 1$$
$$2^3 = 3 + 5$$
$$3^3 = 7 + 9 + 11$$
$$4^3 = 13 + 15 + 17 + 19$$

E assim por diante. Repare que nas somas aparecem todos os números ímpares:

1, 3, 5, 7, 9, 11, ...

e em cada linha começa-se do número ímpar seguinte, assim, para 5^3 devemos começar do 21. E a quantidade de números ímpares somados é igual à base do cubo.

$$5^3 = 21 + 23 + 25 + 27 + 29$$

Dia a dia

Matemática na prática

Quando usar a raiz quadrada?

Um de seus principais usos é o cálculo do lado de um quadrado de área conhecida.

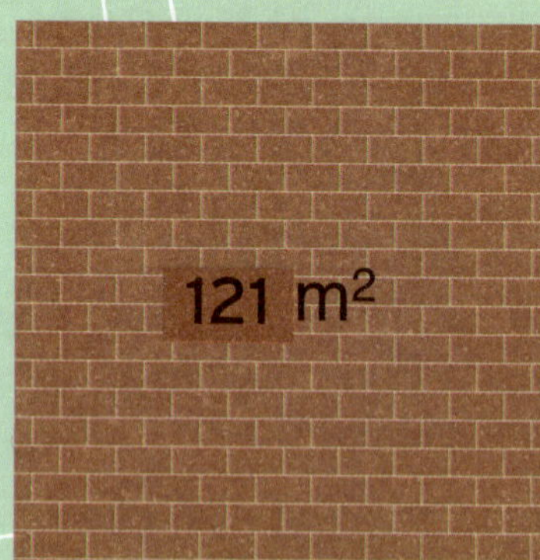

Como $11 \times 11 = 121$, então $11^2 = 121$ e $\sqrt{121} = 11$. Portanto, o comprimento de cada lado será de 11 m.

A mesma coisa acontece com o volume. Veja só como descobrir o comprimento de cada aresta para construir um cubo com 125 m³ de volume.

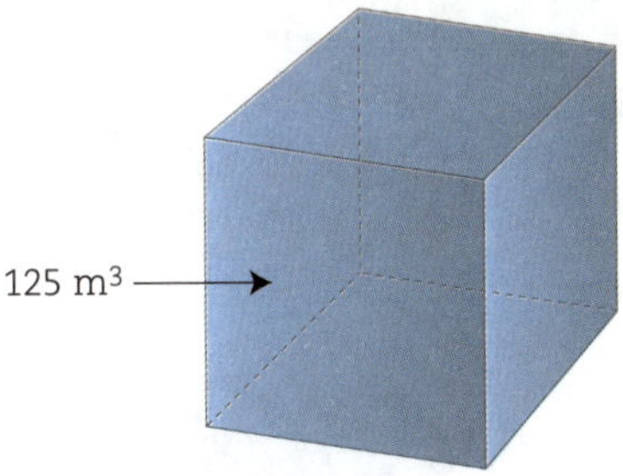

Como $5 \times 5 \times 5 = 125$, então $5^3 = 125$ e $\sqrt[3]{125} = 5$.

Na Matemática do dia a dia, usamos basicamente quatro operações:

adição, subtração, multiplicação e divisão.

Observe que a **adição** *e a* **subtração** *se inter-relacionam como causa e consequência:*

3 + 5 = 8, então **8 - 5 = 3** e **8 - 3 = 5**.

E que isso também acontece com a **multiplicação** *e a* **divisão**:

3 x 5 = 15, então **15 ÷ 5 = 3** e **15 ÷ 3 = 5**.

Uma quinta operação, a **potenciação**, *é menos usada no cotidiano.*

Exemplos: $5^2 = 25$ $2^3 = 8$

E a **radiciação** *é a operação inversa da* **potenciação**:

$3^2 = 9$ (potenciação), então $\sqrt{9} = 3$ (radiciação).

Jogos e desafios

Teste seus conhecimentos

1 Ao lado, temos um "quadrado" com 16 botões. Como você faria um "quadrado" com 441 botões?

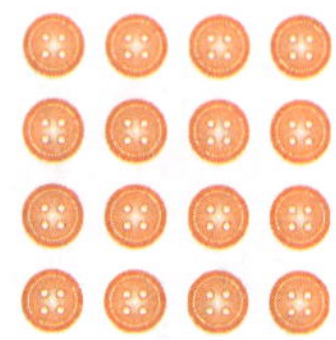

2 Agora, temos um "cubo" com 27 bolas. Como você faria um "cubo" com 216 bolas?

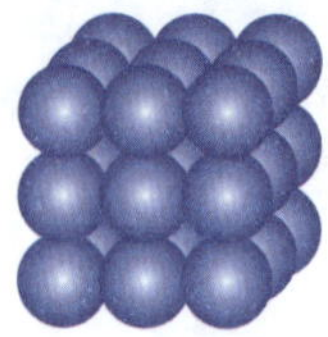

3 Observe estas duas expressões:

a) $\sqrt{3^2 + 4^2}$ *e*

b) $\sqrt{3^2} + \sqrt{4^2}$.

Descubra se os resultados são iguais ou diferentes.

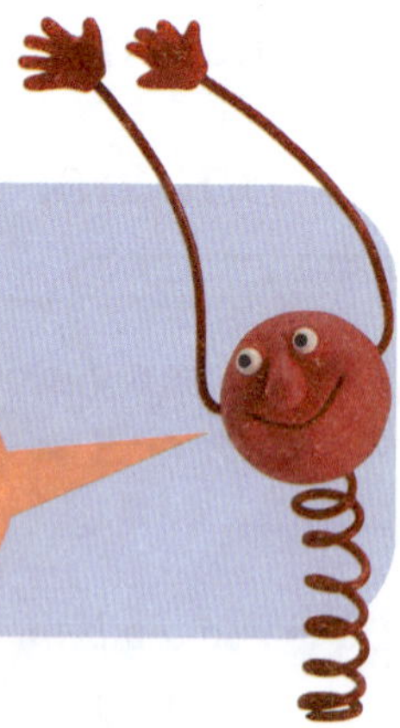

4 Coloque o sinal de raiz quadrada onde for necessário, para que a resolução do cálculo fique certa: **9 + 16 = 169**

Respostas:

1) Como $441 = 21^2$, então, o quadrado deve ter 21 botões em cada lado (21 x 21).

2) O cubo deve ter 6 x 6 x 6 bolas.

3) a) $\sqrt{3^2 + 4^2} = \sqrt{9 + 16} = \sqrt{25} = 5$ b) $\sqrt{3^2} + \sqrt{4^2} = \sqrt{9} + \sqrt{16} = 3 + 4 = 7$

4) $9 + \sqrt{16} = \sqrt{169} \rightarrow 9 + 4 = 13 \rightarrow 13 = 13$